V&R

BERATEN IN DER ARBEITSWELT

Herausgegeben von
Stefan Busse, Heidi Möller, Silja Kotte und Olaf Geramanis

Moritz Senarclens de Grancy / Ullrich Beumer

Social Dreaming

Einführung in die Arbeit mit der Sozialen Traummatrix für
Organisationsentwicklung, Supervision und Gruppentherapie

VANDENHOECK & RUPRECHT

Mit einer Abbildung

Bibliografische Information der Deutschen Nationalbibliothek:
Die Deutsche Nationalbibliothek verzeichnet diese Publikation in der
Deutschen Nationalbibliografie; detaillierte bibliografische Daten sind
im Internet über https://dnb.de abrufbar.

© 2023 Vandenhoeck & Ruprecht, Robert-Bosch-Breite 10, D-37079 Göttingen,
ein Imprint der Brill-Gruppe
(Koninklijke Brill NV, Leiden, Niederlande; Brill USA Inc., Boston MA, USA;
Brill Asia Pte Ltd, Singapore; Brill Deutschland GmbH, Paderborn, Deutschland;
Brill Österreich GmbH, Wien, Österreich)
Koninklijke Brill NV umfasst die Imprints Brill, Brill Nijhoff, Brill Hotei,
Brill Schöningh, Brill Fink, Brill mentis, Vandenhoeck & Ruprecht, Böhlau,
V&R unipress und Wageningen Academic.

Umschlagabbildung: Moritz Senarclens de Grancy

Satz: SchwabScantechnik, Göttingen
Druck und Bindung: ⊕ Hubert & Co, Göttingen
Printed in the EU

Vandenhoeck & Ruprecht Verlage | www.vandenhoeck-ruprecht-verlage.com

ISSN 2625-6061
ISBN 978-3-525-40012-8

Inhalt

Zu dieser Buchreihe

Die Reihe wendet sich an erfahrene Berater/-innen, die Lust haben, scheinbar vertraute Positionen neu zu entdecken, neue Positionen kennenzulernen und die auch angeregt werden wollen, eigene zu beziehen. Wir denken aber auch an Kolleginnen und Kollegen in der Aus- und Weiterbildung, die neben dem Bedürfnis, sich Beratungsexpertise anzueignen, verfolgen wollen, was in der Community praktisch, theoretisch und diskursiv en vogue ist. Als weitere Zielgruppe haben wir mit dieser Reihe Beratungsforscher/-innen, die den Dialog mit einer theoretisch aufgeklärten Praxis und einer praxisaffinen Theorie verfolgen und mit gestalten wollen, im Blick.

Theoretische wie konzeptuelle Basics als auch aktuelle Trends werden pointiert, kompakt, aber auch kritisch und kontrovers dargestellt und besprochen. Komprimierende Darstellungen »verstreuten« Wissens als auch theoretische wie konzeptuelle Weiterentwicklungen von Beratungsansätzen sollen hier Platz haben. Die Bände wollen auf je rund 90 Seiten den Leser/-innen, die Option eröffnen, sich mit den Themen intensiver vertraut zu machen als dies bei der Lektüre kleinerer Formate wie Zeitschriftenaufsätzen oder Hand- oder Lehrbuchartikeln möglich ist.

Die Autorinnen und Autoren der Reihe werden Themen bearbeiten, die sie aktuell selbst beschäftigen und umtreiben, die aber auch in der Beratungscommunity Virulenz haben und Aufmerksamkeit finden. So werden die Texte nicht einfach abgehangenes Beratungswissen nochmals offerieren und aufbereiten, sondern sich an den vordersten Linien aktueller und brisanter Themen und Fragestellungen von Beratung in der Arbeitswelt bewegen. Der gemeinsame

Fokus liegt dabei auf einer handwerklich fundierten, theoretisch verankerten und gesellschaftlich verantwortlichen Beratung. Die Reihe versteht sich dabei als methoden- und Schulen übergreifend, in der nicht einzelne Positionen prämiert werden, sondern zu einem transdisziplinären und interprofessionellen Dialog in der Beratungsszene anregt wird.

Wir laden Sie als Leserinnen und Leser dazu ein, sich von der Themenauswahl und der kompakten Qualität der Texte für Ihren Arbeitsalltag in den Feldern Supervision, Coaching und Organisationsberatung inspirieren zu lassen.

Stefan Busse, Heidi Möller, Silja Kotte und Olaf Geramanis

Zur Einleitung:
Der Traum und sein sozialer Einfluss

Mit der Sozialen Traummatrix wird das Sprechen über Träume als gemeinschaftliches Denken von Gruppenprozessen erfahrbar, gleichzeitig stellt die Matrix auch einen (Veranstaltungs-)Raum für Teilnehmende. Die Methode stammt von dem britischen Psychoanalytiker Gordon Lawrence, der die *Social Dreaming Matrix* als eine Form der Entwicklung von Organisationen konzipierte und damit völlig neues Terrain betrat (Lawrence 1998b, S. 123). Zugrunde liegt die Idee, dass es Gruppen in ihrer Entwicklung fördert, wenn es gelingt, das in ihnen vorhandene »ungedachte Wissen« (»unthought known(s)«; Bollas 1987) in Begriffe und Sprachbilder zu überführen. So begann Lawrence Anfang der 1980er Jahre, sich für die Träume von Menschen in Organisationen zu interessieren.[1]

Die Traummatrix greift die Idee Freuds auf, nach der Träume einen Sinn haben und zum »Ersatz eines anderen Denkvorgangs bestimmt« sind (Freud 1900/1999, S. 100 f.). Sein Hinweis, dass Träume manifeste Gedanken sind, die andere latente Gedanken ersetzen, wirft die Frage auf, wie die Bezüge und Verbindungen zu diesen latenten Gedanken in soziokulturellen Gruppenkontexten geartet sein können. Darauf nimmt *Social Dreaming* insofern Bezug, als es den Teilnehmenden die Möglichkeit eröffnet, über Träume einen Zugang zu Gedanken, Wünschen, Sorgen aber auch Gefühlen zu finden, die von den Mitgliedern in Unternehmen, Organisationen oder anderen (sozialen) Gefügen geteilt und weitergetragen wer-

---

1 Lawrence' ideelles Erbe ist seit 2019 im Londoner Social Dreaming International Network (SDiN) am Tavistock Institute of Human Relations angegliedert.

den können. Dabei werden die Träume nicht in einem individuellen Setting analysiert, sondern über ein assoziatives Sprechen über sie in der Matrix miteinander in Verbindung gebracht, wie später eingehend erläutert wird.

Tatsächlich führt uns das Sprechen über Träume in Gedankenwelten ein, die auf Umwegen meist mit uns und den Situationen, in denen wir leben und arbeiten, zu tun haben. Wenn der Traum in gesellschaftlichen, politischen oder wirtschaftlichen Debatten thematisiert wird, so mag mit ihm die Auffassung eines »Luftschlosses« einhergehen – zwar beeindruckend, jedoch ohne Bezug zur Realität. Tatsächlich aber galt der Traum in der Antike als etablierter Gegenstand der Wissenschaft, der wichtige Informationen über die Zukunft der Menschheit enthielt. Träume wurden als göttliche Botschaften verstanden, denen der Mensch um seines Fortbestehens willen unbedingte Beachtung zu schenken hatte. Diese Auffassung hatte über viele Jahrhunderte hinweg Bestand. Erst Kant, Schopenhauer und die Philosophen[2] der Aufklärung spalteten den Traum von der Vernunft ab und ordneten ihn dem Wahnsinn zu, weil in ihm die Logik der Vernunft außer Kraft gesetzt schien. In der Romantik wurde der Traum als ästhetische Kategorie der Erkenntnis rehabilitiert. Friedrich Nietzsche war einer der ersten Vordenker, der die erkenntnisbildende Funktion des Traums erkannte: In »Über Wahrheit und Lüge im außermoralischen Sinn« (1873) beklagt er sich, dass der Mensch nicht begreife, welche tiefere Einsicht ihm mit dem Traum gegeben sei, nämlich dass in der Wahrheit nichts anderes als ein bewegliches Heer von Metaphern am Werk sei, das Bestimmung nicht durch sein Verhältnis zur Sache, sondern durch das Verhältnis der Metaphern untereinander gewinne. Damit stellte Nietzsche (noch vor dem Schweizer Linguisten Ferdinand de Saussure) die Behauptung auf, dass unser Bezug zur Wahrheit nicht so sehr mit der Sache an sich zu tun habe, sondern mit dem Verhält-

---

2 Im Folgenden wird die männliche und weibliche Schreibweise alternierend verwendet. Im Sinne der gendersensiblen Sprache mögen sich jeweils alle mitgemeint fühlen.

nis der Sprachzeichen zueinander, derer wir uns zur Beschreibung des Wahrheitsbezuges bedienen. Um die Bedeutung des Sprechens über Träume verstehen zu können, muss man diese Erkenntnis zusätzlich mit Freuds These koppeln, der zufolge nicht so sehr das Bildhafte des Traumes relevant ist, sondern die Traum*erzählung* – also wie der Traum sprachlich dargestellt wird. Der Schlaf der Vernunft gebiert eben nicht nur Ungeheuer, wie der spanische Maler Goya nahelegte, sondern vor allem Text. In diesem Sinne produziert die Soziale Traummatrix neue und zusätzliche Sprachzeichen, mit deren Hilfe die Mitglieder einer Organisation über ihre Themen und akuten Situationen gemeinsam nachdenken können. Dieser Effekt erschließt sich auch, wenn man die Bedeutung des Traums in Kultur, Literatur, Kunst und Film mit einbezieht und anerkennt, dass der Traum zu den kulturellen und kollektiven Selbstverständigungsfeldern des Menschen gehört. An diese Tatsache des sozialen Lebens knüpft die Soziale Traummatrix an und eröffnet einen Raum des Sprechens über unsere allnächtlichen Sinnproduktionen.

Insoweit Träume tatsächlich eine das soziale Verständnis fördernde Funktion haben und sie menschheitsgeschichtlich seit jeher ein integrierendes Element der *conditio humana* waren (Krovoza 2001, S. 223), sollten wir ihnen mehr Aufmerksamkeit zuwenden – gerade in sozialen Zusammenhängen – und die Gelegenheit sollte nicht verpasst werden, sie für die Kulturarbeit in Gesellschaften, Unternehmen, Institutionen und temporären sozialen Verbünden zu nutzen. All diesen verschiedenen Formen von Organisationen ist gemeinsam, dass sie ein kollektiv geteiltes Unbewusstes innehaben. Dieses gleichsam inkorporierte Unbewusste ist historisch gewachsen, das heißt, es hat etwas von der Funktion eines Organisationsgedächtnisses, das alles aufbewahrt, auch wenn die Beteiligten längst nicht mehr daran denken. Auch in der Traummatrix, im Sprechen über Träume, kann das inkorporierte Unbewusste einer Organisation hörbar werden. So träumen Menschen in Rollen von sich selbst als Menschen in Rollen, die in komplexen sozialen Bezügen verankert sind. Das trifft übrigens nicht nur auf Unternehmen, sondern auch auf ganze Gesellschaften zu: Die deutsche Journalistin Charlotte Beradt zeigte in »The Third Reich of Dreams« (1968) auf, dass sich im nationalsozialistischen Deutschland in den Träumen vieler übergreifend die kollektiven Erfahrungen der Gräuel der Nazi-Diktatur zeigten, ohne dass dies explizit formuliert oder den Menschen bewusst war. Ihr gelang es, anhand einer Sammlung von rund dreihundert Träumen nachzuweisen, wie die nationalsozialistische Ideologie nach und nach in die Köpfe der Menschen eindrang und sie infiltrierte: »Die erzählten Träume erweisen sich als verlängerter Arm des Regimes und zugleich als Erkenntnismedium der Struktur totalitärer Herrschaft« (Koselleck 1994, S. 127).

Träume – verstanden als Parallelprozesse sozialen, kulturellen und gesellschaftlichen Lebens – lassen einen weiteren überraschenden Gedanken aufkommen, den Michael so formulierte:

> »Dream as parable appears to me to be consistent with the working hypothesis that Lawrence offers for social dreaming programmes. This hypothesis asserts that we must get away from the political process of salvation to a politic of revelation. Most consultancy and action research has used the power of knowledge and expertise to ›save‹ workers from their tribulations. Lawrence has proposed a politics of revelation in which people can interpret their own experience and ›accept the surprise of their revelations‹« (Michael 1998, S. 119).

Anstatt auf die Hilfe von (externen) Beratenden/Supervisoren zu setzen, um das Organisationsleben zu verbessern, so Michaels Vorschlag sinngemäß, sollte man den Mitarbeitenden besser eine eigene Stimme geben, mittels derer sie latente Schwierigkeiten offenbaren können. Zum sozialen Aspekt des Traumphänomens gehört demnach, dass das Sprechen über Träume einem Diskurs Raum gibt, der einer anderen Logik folgt als der Diskurs, der sich in Organisationen für gewöhnlich ausdrückt. Anders gesagt: Sich mit Träumen zu befassen, drängt uns dazu, die bewährten Mechanismen der Sinnerzeugung hinten-

anzustellen. Vom Traum zu sprechen bedeutet daher, einer Autonomie einen Ausdruck zu verleihen, die unseren Bezug zur Wirklichkeit aufbricht, stört und bestenfalls erweitert. In diesem Sinne kann
die Traummatrix wichtige Funktionen für das soziale Miteinander
übernehmen: Sie eröffnet die Möglichkeit, sich den unausgesprochenen Dingen des Miteinanders zuzuwenden, ohne dass schon gleich
eine bestimmte Erwartung die Richtung und das Ergebnis des Aus-
tauschs vorgibt. Das hat auch mit der Art und Weise zu tun, wie in
den modernen und dynamischen Gesellschaften Rollenmuster vorgegeben werden: Der Soziologe Richard Sennett beschrieb Ende der
1990er Jahre die Folgen des modernen Kapitalismus unter dem Fokus
der Flexibilisierung von Lebensentwürfen und Rollen, der indes auch
zu einem Schwinden »langfristiger sozialer Bindungen« und einer
zunehmenden »Fragmentierung« flexibler Persönlichkeiten führe
(Sennett 1998, S. 78 f.). Entwicklungen dieser Art und der durch sie
erzeugte Anpassungsdruck verlangen von uns häufig die Abspaltung
weiter Teile unserer Persönlichkeit. Dieser Anpassungsdruck führt
dazu, dass die emotionale Erlebnisebene ausgeschlossen wird – und
damit das Phantastische, also das, was sich der allgemeinen Logik
und der Vernunft nicht unterwerfen lässt. Infolgedessen bleibt vieles,
was den Einzelnen ausmacht und was in ihm »schlummert«, unaus-
gesprochen (Lenk 1983) und taucht erst im Traum wieder auf. Vor
diesem Hintergrund wollen wir mit der vorliegenden ersten deutsch-
sprachigen Einführung zeigen, wie sich das verborgene Wissen der
Träume in die Alltagswirklichkeit von Organisationen zurückholen
und einbeziehen lässt.

   Die *Social Dreaming Matrix* bringt, so klang bereits an, einen
schöpferischen Umgang mit Träumen in die Mitte von Organisationen und Gesellschaften. Träumen ist gewiss auch unerlässlich für
die Ideenentwicklung in *think tanks,* erscheint manchem aber auch
als riskant, insoweit die Gefahr einer Wirklichkeitsflucht besteht
(Steinforth 2012, S. 47 ff.). Diese Sorge ist nach unserer Erfahrung
jedoch unbegründet. Vielmehr eröffnet *Social Dreaming* mannig-
faltige Chancen für die Entwicklung von Organisationen und Teams,

wie wir anhand praktischer Arbeit mit der Methode erläutern wollen. Diesen mithilfe der Sozialen Traummatrix angeschobenen Entwicklungsprozess muss man sich als etwas Längerwährendes vorstellen, das nicht erst mit der Veranstaltung zur *Social Dreaming Matrix* beginnt, sondern einen Vorlauf hat und – etwa auf Konferenzen – mehrere Tage hintereinander stattfinden sollte, wie wir im Kapitel »*Social Dreaming* als Prozess« zeigen werden. Dass es sich bei der Traummatrix um ein innovatives Beratungsformat insbesondere auch für die Wirtschaft handelt, verdeutlichen wir im Abschnitt »*Social Dreaming* in Unternehmen und Organisationen«. Die Einführung erörtert auch die Vor- und Nachteile der Möglichkeit, Traummatrizen online durchzuführen. Dem psychoanalytischen Ursprung der Sozialen Traummatrix soll in einem Kapitel über Hintergrundkonzepte der Methode Rechnung getragen werden. Abschließende Bemerkungen runden den Einführungsband mit einer Zusammenfassung der wesentlichen Aspekte der Sozialen Traummatrix ab.

Einen Zugang zur Traummatrix aus dem Blickwinkel der Neurowissenschaften gibt es bislang nicht – und er würde den Rahmen einer Einführung auch überdehnen. Jedoch spielen funktionelle Netzwerke und Hirnregionen für das Träumen und für ein Funktionieren des Psychischen gewiss eine Rolle – hinreichend sind sie indes nicht, denn es fehlt ihnen die Dimension der Bedeutung, die sich in Sprache und Sprechen ausdrückt. Dieser Aspekt erscheint uns deshalb relevant, weil die Dinge der Menschenwelt immer Dinge eines als Rede strukturierten Universums sind, in dem die Sprache und die symbolischen Vorgänge alles beherrschen. Auch von diesen symbolischen Vorgängen in sozialen Zusammenhängen – bewussten wie unbewussten – handelt unser Buch.

Social Dreaming –
Ursprung, Zielsetzung und Technik

Zur Entstehung der Sozialen Traummatrix

Lawrence, der Ende der 1970er Jahre auch die Leitung des Tavistock Institute in London innehatte, experimentierte zu diesem Zeitpunkt mit der Möglichkeit, Träume – anders als in der Psychotherapie üblich – nicht zum besseren Verständnis individueller Konfliktdynamiken und verdrängter Triebregungen zu nutzen, sondern sie in ihrer sozialen Dimension zu verstehen. Er verfolgte dabei den Ansatz, das Träumen innewohnende Bedeutungspotenzial für die Entwicklung von Gruppen, Teams und Organisationen nutzbar zu machen, ohne sich dabei auf das Leben der Träumenden zu beziehen.

Individuelle Träume in ihrer sozialen Dimension zu verstehen, hat eine Geschichte. Mersky (2023, S. 7) beschreibt, wie Träume als Verbindung zur spirituellen Ebene und eine Art »göttlicher Botschaft« in der antiken Welt gesehen wurden. In der Folge besteht auch im Juden- und Christentum sowie im Islam eine lange Tradition des spirituellen Traums, der über die einzelne Person bzw. über die Träumerin hinausweist. Lawrence bezog sich bei der Entwicklung seines Konzepts zunächst auf das Material von Anthropologen, die Träume sogenannter »primitiver Völker« gesammelt hatten. Schließlich stieß er auf »The Third Reich of Dreams« Beradts und entwickelte aufbauend auf diesen historischen Beschreibungen seine Theorie des *Social Dreaming*. Angesichts der Tradition der sozialen Dimension von Träumen sprach er immer wieder davon, dass das Soziale Träumen keine Erfindung, sondern eine Entdeckung sei. Er formulierte die Hypothese, dass Träume als Manifestationen der Prozesse und Dynamiken der sozialen und gesellschaftlichen Umgebung gesehen werden können und dass sie somit auch ein neues Verständnis für soziale Kontexte eröffnen.

Noch ein weiterer Aspekt ist für ein Verständnis des Ausgangspunktes der Sozialen Traummatrix wichtig: Nach etlichen Jahren seiner Leitungstätigkeit empfand Lawrence die Art des kollegialen Umgangs am Institut als problematisch. Ihm war aufgefallen, dass sich einige Kolleginnen, unter denen es Spannungen gab, mit Diagnosen und Deutungen belegten, die folgenden Impetus zu haben schienen: »Ich komme jetzt mit der Wahrheit über dich, und sie wird dich vernichten!«. Lawrence beobachtete, dass diese Art der gegenseitigen Analyse und das Mittel der Deutung – wurde es im falschen Rahmen zur Anwendung gebracht – die vertrauensvolle Zusammenarbeit untereinander belasteten – insbesondere die Fähigkeit, gemeinsam als Gruppe denken und produktiv zusammenarbeiten zu können. Was in der psychoanalytischen Arbeit mit Patienten als eine mögliche Vorgehensweise galt, nämlich eine Deutung einzubringen, die der Patientin einen anderen Zugang zu einer Situation ermöglichte, war außerhalb der klinischen Arbeit zu einer rhetorischen Waffe geworden, um Kollegen zu diskreditieren. Also suchte Lawrence nach einer Methode, die einen *interpretationsfreien* Raum des Miteinandersprechens und -denkens aufrechterhalten könnte. Seine Frage lautete: Wie ist es möglich, Menschen in einer Gruppe zum Denken anzuregen, ohne dass sie sich just in ihrer Fähigkeit dazu selbst beschränken? Wie ließe sich also ein Gedankenaustausch initiieren, bei dem Richtung und Ergebnis nicht schon immer gleich von denselben wiederkehrenden Denkmustern bestimmt sind? Oder noch anders gefragt: Wie ließe es sich ermöglichen, als Mitglied einer Gruppe einem stereotypen Bewertetwerden zu entgehen? Letzteres musste für Lawrence besondere Bedeutung gehabt haben, suchte er doch nach einer Reflexionsform, in der sich die Gruppenmitglieder aus Sorge anzuecken nicht selbst zensieren würden, sondern ihren Gedanken freien Lauf ließen. Die Aufgabe, der er sich stellte, erwies sich als durchaus herausfordernd, weil sie bedeutete, dem in der Organisation bestehenden Unbewussten einen Raum der Artikulation zu eröffnen. Wie sollte die

Gruppe fortan damit umgehen, wenn bestimmte Dinge – über den Umweg des Traums – einmal ausgesprochen waren? Umso einfacher und genialer war seine Lösung: Er schuf ein Format, in dem Einzelne nicht mehr zueinander oder zu einer Person sprachen, sondern, wie er es nannte, zu einer »Matrix«. Und weil es in der Arbeit mit der Matrix um Träume ging, entstand die Bedeutung dieses Sprechens zur Matrix nicht mehr aus den unausgesprochenen Erwartungen, die Personen aneinander richteten, sondern aus dem Umgang mit den Träumen und den an sie anknüpfenden Assoziationen. *Social Dreaming* erwies sich damit als ein vollkommen neuartiger Ansatz der sozialen Bezugnahme und des gemeinschaftlichen Kommunizierens und Denkens.

Aufbau und Organisation der Sozialen Traummatrix

Der Begriff der Matrix ist aus dem Lateinischen entlehnt und bedeutet ursprünglich »Gebärmutter«. In diesem Sinne wollte auch Lawrence die Matrix als etwas verstanden wissen, das Sprachbildern, Metaphern, Analogien und Symbolen gleichermaßen *zur Geburt verhilft* (Lawrence 2005). Ein schöpferischer Ort für kreatives Denken, an dessen Entstehung alle Teilnehmenden einer Matrix mitwirken. Ein Ort, wo alle sagen können, was ihnen in den Sinn kommt. Ein Ort, wo die rationale Kontrolle außer Kraft gesetzt ist, so dass sich das Denken auf freien Bahnen bewegen kann. Dieser Effekt würde nicht eintreten, war sich Lawrence sicher, wenn das Soziale Träumen in einer der regulären formalen Gruppenanordnungen durchgeführt würde.

Anders als bei Gruppenformaten üblich, formt die Bestuhlung einer Traummatrix daher kein kreisförmiges Gebilde, bei dem die Anwesenden untereinander Blickkontakt haben. Die räumliche Anordnung der Stühle in der Matrix kann sternförmig oder in Form von Blütenkelchen als Dreier-, Vierer- oder Sechsergruppen erfolgen. Denkbar ist auch, die Stühle gänzlich ungeordnet im Raum zu verteilen. Diese Form der Bestuhlung verhindert, dass es auf der Ebene der Gruppendynamik zu einem Wir-Gefühl kommt, denn die Träume sollen, wie gesagt, nicht in erster Linie den Anwesenden mitgeteilt werden, sondern der Matrix.

Damit eine Traummatrix stattfinden kann, muss sie zunächst in Form einer offenen Einladung angekündigt werden. Eine Traummatrix kann zum Beispiel Teil eines Rahmenprogramms bei Kongressen oder Arbeitstagungen sein, wo sie jeden Morgen vor dem Frühstück stattfindet. Auf der Einladung werden neben den Angaben zur Zeit und zum Ort auch die Namen der Gastgeber (»Hosts«) der Matrix vermerkt. Deren vorrangige Rolle besteht darin, die Traummatrix zu eröffnen und sie nach Ablauf der vorgesehenen Zeit zu beenden. Während der Matrix können die Hosts intervenieren, indem sie Beobachtungen zum Verlauf der Matrix mitteilen oder eigene Assoziationen oder Träume beisteuern, wie später auszuführen sein wird.

Besondere Bedeutung kommt dem Text zu, mit dem die Traummatrix eröffnet wird. Er weist die Teilnehmenden in die Arbeitsweise des Sozialen Träumens ein und hebt hervor, was hier bereits verdeutlicht wurde: Beim Sozialen Träumen geht es nicht um die Träumenden, sondern um den Traum. Das ist deshalb wichtig, um den Fokus der Teilnehmenden-Dynamik gleich zu Beginn auf die Matrix und das Sprechen über Träume zu lenken und damit an die von Lawrence proklamierte und schon angeführte Primäraufgabe der Traummatrix zurückzukoppeln: Die mitgeteilten Träume interessieren vor dem Hintergrund ihrer sozialen Bedeutung und wie diese Bedeutung in der Matrix verfügbar gemacht werden kann (Lawrence 1998a, S. 306). Aus diesem Grund lassen die Gastgeberinnen gruppendynamische Prozesse, sofern sie spürbar werden, auch weitgehend unkommentiert, da ein Eingreifen die zentrale Bedeutung der Träume für die Matrix unterminieren würde. Zudem zielt die Traummatrix generell auf eine Erweiterung des Denkens ab, die nicht von außen bestimmt oder beeinflusst wird, sondern aus bei den Teilnehmenden bereits vorhandenen, in deren Träumen vorgeformten Gedanken resultiert. Somit tragen die Hosts dazu bei, die Matrix als einen Ort zu handhaben, an dem etwas entstehen kann, was sich auf das Denken der Teilnehmenden auswirkt, von Lawrence als »Transformation des Denkens«

beschrieben: »The immediate benefit of the social dreaming matrix is that thinking is expanded and transformed as the participants begin to recognize that new information is embedded in the dreaming« (Lawrence 2005, S. 15).

Grundkonzepte von Gordon Lawrence

Matrix als *think space*

Der folgende Abschnitt dient der Vertiefung einiger bereits eingangs erwähnter Aspekte der Arbeit mit der Sozialen Traummatrix.

Der Aufmerksamkeitsfokus in der *Social Dreaming Matrix* bewegt sich vom Individuum weg und fokussiert in besonderem Maße den Einfluss und die Dynamik des Kontexts, also des weiteren sozialen, gesellschaftlichen und historischen Rahmens, der auf die Interaktionen und Prozesse in Organisationen und Teams einwirkt. Der Zweck der Matrix liegt darin, die von den Teilnehmenden eingebrachten Assoziationen zu einzelnen Träumen dafür zu nutzen, um neue Begriffe, Vergleiche oder Metaphern zu fördern, mittels derer das gemeinschaftliche Wissen um den Zustand der Organisation erweitert werden kann. Ziel ist es auch, Verbindungen zwischen den verschiedenen Träumen und Assoziationen herzustellen und zu weiterführenden Gedanken anzuregen. Gordon Lawrence war sehr darauf bedacht, die Traummatrix gegen andere gängige Arbeitsformen für Gruppen abzugrenzen. Schon allein deshalb schied der Begriff »Gruppe« für ihn aus, um zu benennen, was er mit der Traummatrix vorhatte: Die Matrix sollte eine Art *think tank* oder *think space* sein, in dem das Denken von seinen Ursprüngen ausgehen dürfe, um jene Gedankeninhalte, darunter auch Erinnerungen, in Bewegung zu bringen, welche das Dasein einer Organisation begründen und weiterhin aufrechterhalten: »Matrix is the ›container‹ of societies, groups and organizations in that it contains all the thought that has brought them into being and sustains them in their continuing existence« (Lawrence 2005, S. 37 f.).

Auch lässt die Matrix ein Wissen über ihre Teilnehmenden als Gruppe hörbar werden. Für viele ist dieses »Hörwissen« vielleicht sogar die spannendste Erfahrung beim Sozialen Träumen: Was artikuliert sich in der Matrix über unsere Art des Zusammenlebens und -arbeitens? Was verrät sie uns über die eine Welt, in der wir als verschiedene Individuen zusammenleben? Seit der philosophischen Aufklärung ist klar, dass die Welt, in der wir existieren, nur anhand dessen wahrgenommen werden kann, was denkende Menschen über sie zu formulieren imstande sind. Bekanntlich galt Descartes das Denken überhaupt als Nachweis für die eigene Existenz, weil das Subjekt fähig ist, sogar den Zweifel an seinem Dasein durch das Vermögen zum Denken nachzuvollziehen. Auch Kant sprach vom »Ich denke«, das alle Vorstellungen des Subjekts begleiten können muss, damit es auch wirklich seine eigenen Vorstellungen sind. Mit der Traummatrix eröffnet sich hingegen ein Raum des Denkens, in dem die Subjekte nun hinter etwas (ihre Träume) zurücktreten. Das Setting der Traummatrix steht in diesem Sinne in der Tradition der Freud'schen Entdeckung, wonach der Kern unseres Wesens von unbewussten Wunschregungen bestimmt wird, die für das Vorbewusste unfassbar und unhemmbar sind. Die Rolle des Ichs erschöpft sich dann darin, »den aus dem Unbewussten stammenden Wunschregungen die zweckmäßigsten Wege zu weisen« (Freud 1900/1999, S. 609). Wenn also bei der Sozialen Traummatrix davon gesprochen wird, dass sie das Denken zu transformieren imstande ist, dann in dem Sinne, dass eben auch jene aus dem Unbewussten stammenden Regungen artikuliert und in den allgemeinen Diskurs eingebracht werden können. Die Matrix ist also ein Ort, an dem die Mitglieder einer Organisation mit alledem zu Wort kommen können, was sie sich ansonsten von ihrer Rede – und nicht selten auch von ihrem Denken und Fühlen – abschneiden. Wenn vom Traum die Rede ist, muss man sich nicht auf die Zunge beißen, man kann von etwas sprechen, von dem sonst nicht zu sprechen ist. Somit eröffnet die Matrix einen Zugang zu diesem anderen Subjekt des Sprechens und Denkens, wie es auch in Lacans Umformulierung des Cartesianischen Cogito zutage tritt: »Ich denke, wo ich nicht bin, also bin ich, wo ich nicht denke« (Lacan 1975, S. 43). Damit rückt Lacan das normativ geformte Subjekt mit seinen erzwungenen Abspaltungen in den Fokus. Dieses verdrängte, abgespaltene Teil-Ich findet in der Sozialen Traummatrix, also im Sprechen über Träume, einen Ort der Artikulation und kann ihn nutzen, um Teile seiner Abspaltungen in die Organisationswirklichkeit zu integrieren.

Das Setting der Matrix lädt aber auch dazu ein, sich grundsätzliche Gedanken über das Funktionieren von Gruppen zu machen. Was die Matrix heraushalten möchte, ist ja gerade das Spannungsfeld zwischen Zugehörigkeits- und Autonomiewünschen, das das Aufeinandertreffen und Zusammenwirken in Gruppen bestimmt. In einer Matrix ist man nicht Teil einer Gruppe. Hier sind die Teilnehmenden nur insoweit repräsentiert, als sie ihre Träume oder ihre zu den Träumen assoziierenden Gedanken artikulieren. Alles andere ist nicht von Belang. In seiner Einführung erinnert sich Lawrence, dass es anfangs Sorge gab, die Teilnehmenden würden sich lieber mit sich selbst befassen als mit ihren Träumen, weshalb es ihm geboten erschien, alle Vorannahmen über das Funktionieren von Gruppen wenigstens zeitweise zu ignorieren:

> »To launch social dreaming and to be able to explore dream, it was necessary to unlearn all that was known of group and to create a feeling and thinking space – matrix – which would be open-ended. A matrix exists to explore what only a matrix can explore. To ›see‹ what was in matrix, one had to be temporarily ›blind‹ to what was known of group« (Lawrence 2005, S. 39 f.).

Weiterhin vergleicht Lawrence die Matrix mit einem Faradayschen Käfig, bei dem der Innenbereich vor äußeren elektrostatischen Einflüssen schützt. In ähnlicher Weise, argumentiert er, schirmt auch die Matrix ihre Teilnehmenden vor gruppendynamischen Bedürfnissen ab – etwa solche nach Zugehörigkeit, Übereinstimmung, Sicherheit, Zusammenhalt, Anerkennung oder Bestätigung (Lawrence 2005). Denn die Primäraufgabe der Matrix, das Sprechen über Träume, hat ja gerade ein von gruppendynamischen Einflüssen weitgehend unabhängiges Denken zum Ziel. Um diesen Aspekt zu veranschaulichen, mag uns die oben zitierte Formel des französischen Psychoanalytikers Jacques Lacan hilfreich erscheinen, der zufolge es ein Denken gibt, *wo man nicht ist,* also in dem man nicht zuerst die sonst üblichen sozialen Bestätigungsformeln austauscht, um in einer bestimmten Rolle anerkannt, das heißt gesehen und gehört zu werden.

Tatsächlich spiegeln Träume häufig Ängste und Wünsche wider, die die Person im Verhältnis zur Gruppe zeigen und die die gesamte Bandbreite an Themen zum Gegenstand haben, die in Organisationen und Gesellschaften thematisiert werden. Die Matrix suspendiert jedoch eingespielte hierarchische Gruppenstrukturen und ermöglicht ad hoc ein Sprechen abseits der üblichen Sinnzuschreibungen. Sie bewirkt somit eine gemeinsam mit anderen geteilte soziale Erfahrung, die sich ausgehend vom Traum einem Denkprozess öffnet, der von Gruppendynamiken weitgehend unbeeinflusst bleibt und der darum eine andere Form der Annäherung und Verarbeitung von Wirklichkeit gestattet. Eine Form der Realitätsverarbeitung mithin, die für das Zusammenleben und für das gemeinsame Tätigsein eine bedeutende Rolle spielt. Denn sie öffnet Zugänge zu dem, was Lawrence das »ungewusste Wissen« nennt (Lawrence 2005, S. 10 f.). Als Beispiel führt er die Entdeckung fernab gelegener Galaxien an, die mit Hilfe moderner Teleskope aufgefunden werden konnten. Diese Galaxien hatte es seit jeher durch die Geschichte nicht nur der Menschheit, sondern des Universums gegeben. Jedoch wurde ihr Vorhandensein erst ab dem Zeitpunkt Bestandteil des menschlichen Wissens, an dem sie durch innovative Technologien sichtbar gemacht werden konnten. Eben solch eine Technologie stellt auch die Traummatrix dar: Einem Teleskop vergleichbar, rückt sie bislang ungewusste Sachverhalte und Zusammenhänge in den Blick, die der Wahrnehmung andernfalls verborgen bleiben würden.

Systemisches Denken in Organisationen

Um zu verstehen, was in Organisationen psychodynamisch passiert, ist es hilfreich, sie sich als ein System vorzustellen. Ein System, das aus Subsystemen besteht, deren Funktionsweisen analog zueinander sind. Das heißt, es lässt sich von einem System auf ein anderes schließen, etwa um bestimmte Verhältnisse in den Beziehungen der Mitglieder des Systems zueinander zu erklären. Dieser Blick auf Organisationen hat seinen Ursprung interessanterweise in der Deutung individueller Träume: Zu Freuds Techniken der Traumdeutung gehörte es nämlich, in den Traumerzählungen seiner Patientinnen neben den Auslassungen, Brüchen und Ungereimtheiten auch nebensächliche Details aufzugreifen, um einen Zugang zu neuen und ungeahnten Sinnzusammenhängen zu erhalten. Einer Betrachtung des Traumes als Ganzem zog Freud eine Deutung en detail vor. So lässt sich der Traum als ein paradigmatisches Beispiel dafür verstehen, wie das Nachdenken über Zeichen- und Symbolzusammenhänge von strukturgebenden Prozessen ausgeht, die sich zwar dem unmittelbaren Zugriff entziehen, denen dessen ungeachtet aber ein sinnvolles Denken zugrunde liegt. Bedeutungsstrukturen wie im Traum – man könnte auch von »Sinnsystemen« sprechen – erschließen sich dem Beobachter zunächst also nicht über einen holistischen Ansatz, sondern *annahmebasiert* anhand von Hilfsvorstellungen und mittels Reibungsprozessen ihrer differenten Einzelteile. Mit Freud kann man sich diese Analysearbeit wie einen rückläufigen Übersetzungsprozess vorstellen, der die »Traumarbeit« rückgängig macht, das heißt den »materiellen Trauminhalt« – die Traumerzählung – in die »latenten Traumgedanken« überträgt (Freud 1900/1999, S. 654). Insoweit ist also das Denken in Systemen bereits in Freuds Traumdeutung angelegt und ausgeführt. Zwar ging er zunächst von den einzelnen Elementen des manifesten Traums aus, jedoch führt er die sich daraus ergebenden latenten Traumgedanken zurück auf den weiteren Zusammenhang der sich in ihnen erfüllenden unbewussten Wünsche. So lassen sich bestimmte (unbewusste) Wunschbilder als strukturierendes System des Subjekts und seines Begehrens markieren und benennen.

Auch beim Sozialen Träumen trägt der Ansatz des systemischen Denkens dazu bei, in den unterschiedlichen Traummitteilungen verbindende Muster kenntlich zu machen. Manche Hosts arbeiten mit Listen der verschiedenen Elemente, die in den Träumen einer Matrix auftauchen, um zwischen ihnen mögliche Verbindungen zu markieren sowie um die wiederholt genannten Begriffe und Sprachbilder festzuhalten. Diese nehmen Einfluss auf das weitere gemeinschaftliche Sprechen und Denken einer Organisation, bringen es voran und ermöglichen es den Organisationsmitgliedern, schwer zugängliche Themen miteinander auszuhandeln. Die Arbeit in der Traummatrix unterstützt Organisationen auf diese Weise dabei, in ein Denken in Systemen hineinzufinden und übergeordnete Themen zu verdeutlichen – etwa eine kollektiv geteilte Sorge vor bestimmten Veränderungen oder Ereignissen. Man trifft hierbei auf ein häufiges Dilemma in Organisationen, in denen von den Mitgliedern einerseits verlangt wird, Veränderungen zuzulassen, während die wohlbegründeten Interessen einzelner Untergruppen der Organisation der Notwendigkeit zum Wandel entgegenstehen. Ein Festhalten an überkommenen Kontroll- und Bewertungssystemen, das einstmals zur Qualitätssicherung bestimmt war, verhindert nun, dass Angestellte und Führungskräfte der Organisation ihre Entscheidungen neu anpassen können. In der Arbeit mit der Matrix kann über die Umleitung des Sprechens über Träume für diese systematischen Hürden eine Reihe neuer Wörter und Ausdrücke gefunden werden, die es den Mitgliedern der Organisation plötzlich ermöglicht, neue Lösungswege zu formulieren und Situationen in der Organisation differenzierter erfassen zu können. Durch die eingangs aufgeführten verbindenden Elemente im Rahmen der Sozialen Traummatrix und deren Übertragung auf weitere Gedankenzusammenhänge lässt sich mit Hilfe der Matrix einer Engführung des Denkens entgegenwirken, die sich in Organisationen – seien es Unternehmen, Gesellschaften oder andere soziale Verbünde – häufig einstellt.

Arbeitshypothesen

Der Begriff der Arbeitshypothese beschreibt etwas ganz Alltägliches: Wir alle setzen bestimmte Grundannahmen voraus, wenn wir eine berufliche Aufgabe oder eine Situation des Alltags lösen wollen: Wenn wir Dinge tun wie Einkaufen, Kochen oder Autofahren, treffen wir Entscheidungen und führen Handlungen aus auf der Grundlage dieser Voraussetzungen. Etwa erwarten wir von anderen Autofahrenden, dass sie sich an die Verkehrsregeln halten, während wir als Kunden eines Supermarkts davon ausgehen, dass die Lebensmittel, die man uns zum Kauf anbietet, frisch sind. Die Arbeitshypothese ist eine Skizze der Wirklichkeit, so Lawrence, eine Annäherung an die Realität, die im weiteren Verlauf bestätigt oder widerlegt werden kann (Lawrence 2005, S. 35). Sie kann gegebenenfalls durch eine andere Arbeitshypothese ersetzt werden, die näher an der Realität dran ist.

Wer etwas Übung mit der Sozialen Traummatrix hat, weiß aus eigener Erfahrung, wie das Sprechen über Träume und die an sie anschließenden Assoziationen ganz von selbst zu Arbeitshypothesen führen, anhand derer die Teilnehmenden und Hosts Annahmen über das entwickeln, was die mitgeteilten Träume über den aktuellen Zustand in der Organisation aussagen. Wie gesagt, handelt es sich beim Umgang mit Arbeitshypothesen um ein Alltagsgeschehen, das uns allen vertraut ist. In der Matrix hingegen verschieben sich die Ausgangs- und Bezugspunkte, was sich nachhaltig verändernd auf die Entstehung der Arbeitshypothesen auswirkt. Nunmehr können neue Zugänge und Einfälle Eingang ins Denken finden, während die bislang gewohnten Logiken der Urteilsbildung an Einfluss verlieren. Kurzum: Es wird neu gedacht. Eben weil uns der Traum mit anderen Überlegungen konfrontiert, eröffnet das Sprechen über Träume in der Matrix einen Raum für neue Hypothesen. Hypothesen, mit deren Hilfe sich mitunter festgefahrene Situationen oder schwer zu bewältigende Probleme plötzlich lösen lassen. Um das problemlösende Potenzial von Träumen zu veranschaulichen, erwähnt Lawrence das Beispiel des deutschen Chemikers August Kekulé, dem die molekulare Struktur von Benzol erstmals im Traum erschienen war. Kekulé träumte von einer Schlange, die sich selbst in den Schwanz beißt – ein uraltes Alchemisten-Symbol – und fand die Lösung, der zufolge die Atome eine Ringstruktur bilden. Eine ähnliche Problemlösungskompetenz ist auch dem *Social Dreaming* inhärent.

Das Potenzial von Träumen, ein Problem aus dem Wachleben gleich wie im Schlaf zu lösen, mag uns aus rationaler Sicht dennoch befremdlich erscheinen. Es hat indes nichts mit Zauberei zu tun. Um auf den rationalen Kern zu kommen, hilft ein Blick in Freuds Traumdeutung – etwa seine Analyse des Traums von der »botanischen Monographie«, der als der erste umfänglich gedeutete Traum in der Geschichte der Psychoanalyse gilt und nach seinem auffälligsten Element, eben jener botanischen Monografie, benannt ist. Freud findet einen Zugang zu diesem Traum durch die Bildung von Assoziationen zu den einzelnen Traumdetails. Anhand der Vielfalt der Assoziationen, die ihm zu den einzelnen Traumbildern einfallen, realisiert er, dass man beim Deuten von Träumen fehlgehen würde, »wenn man diese Zeichen nach ihrem Bilderwert anstatt nach ihrer Zeichenbeziehung lesen wollte« (Freud 1900/1999, S. 284). Bezogen auf Freuds Traumbeispiel heißt das, dass es keine einzelne Bedeutung für »botanisch« oder für »Monographie« gibt, sondern zahlreiche Assoziationen, die wiederum zu komplexen Bedeutungssträngen führen. So erinnert sich Freud, dass er »am Vormittage im Schaufenster einer Buchhandlung ein neues Buch gesehen [hat], welches sich betitelt: Die Gattung Zyklamen – offenbar eine Monographie über diese Pflanze« (S. 288). Freud führt nun Gedankenverbindungen zu einer Arbeit über Kokain auf, die er einmal geschrieben hat, ferner zu einem unlängst geführten Gespräch mit einem befreundeten

Kollegen, aber auch zu seiner Frau, deren Lieblingsblume die Pflanzengattung der Zyklamen ist. In der Tat können diejenigen Gedanken, die durch das Traumbild »botanische Monographie« repräsentiert werden, alles Mögliche bedeuten – nur eben nicht »botanisch« allein. Bei den Elementen eines Traums handelt es sich Freud zufolge nämlich um »überdeterminierte Inhalte« (S. 289). Dieses Beispiel einer Traumdeutung verdeutlicht auch, weshalb sich Lawrence bei der Sozialen Traummatrix neben dem Mitteilen des Traums auf die dazugehörigen Assoziationen fokussiert: Die Matrix ermöglicht es, diese assoziativ verknüpften Gedanken hervorzubringen, die andernfalls aus dem Denken und Sprechen des Organisationsalltags ausgeschlossen bleiben.

Nutzen der Traummatrix

Soziales Träumen verfolgt nicht unbedingt einen konkreten Nutzen oder Lernerfolg, wie man es sonst von Workshops oder Weiterbildungsseminaren erwarten würde. Am ehesten liegt der Nutzen der Sozialen Traummatrix in einer Erweiterung und Veränderung des Denkens über soziale, also etwa organisationsspezifische Themen und Situationen. Der Impuls zu einem anderen Denken entsteht in gewisser Weise schon durch die Einladung zur Traummatrix. Denn die Ankündigung einer Veranstaltung, die den Traum in den Mittelpunkt stellt, ist für die meisten überraschend und neuartig. Dieser Bruch mit landläufigen Erwartungen an das, was das Lernen und Arbeiten in sozialen Gefügen – sei es auf Konferenzen oder in Organisationen – ausmacht, regt schon zu einem Überdenken eingefahrener Erwartungen an. Letztlich wird Soziales Träumen in der Erfahrung der Teilnehmenden aber dadurch zu einem *culture hack,* weil es mit dem herkömmlichen Sprachgebrauch, mit den Regeln der (internen) Kommunikation und der Rollenverteilung in Organisationen bricht: Titel, Positionen, Privilegien und sonstige Insignien sozialer Ordnungsstrukturen treten in den Hintergrund, wenn es wie in der

Matrix darum geht, über Träume zu sprechen. Es ist nicht unbedeutend darauf hinzuweisen, dass die Traummatrix konsequent demokratisch ist. Egal ob Vorgesetzter, Direktorin, CEO, Teamleiterin oder einfacher Mitarbeiter: Alle Teilnehmenden haben dasselbe Recht auf Partizipation, jede Stimme zählt gleich viel, die Mitteilungen sind allesamt gleichwertig. Erst dieser Bruch mit den gewohnten Regeln des organisationsinternen Diskurses – das heißt, mit der für den Einzelnen aber auch für Gruppen etablierten Art und Weise, mittels Sprechen Sinn- und Ordnungserwartungen zu bedienen – führt dazu, dass neues Wissen Einzug ins Denken erhalten kann. Lawrence entwickelte die *Social Dreaming Matrix* gerade aus dem Grund, um das Denken im kollegialen Kontext nicht durch die immer gleichen oder auch vorschnellen Interventionen lahmzulegen. In einer Gruppe von Kolleginnen sollte es möglich sein, das Undenkbare nicht nur zu denken, sondern es auch offen sagen zu können.

Soziales Träumen ist auch die Einladung, sich den eigenen Träumen anzuvertrauen. Für Organisationen mit ausgeprägter Angstkultur kann das wie ein Rettungsanker wirken. So kann man an einer Matrix auch teilnehmen, ohne selbst einen Traum einzubringen. Das bedeutet gleichwohl nicht, dass eine Matrix schiefgehen kann, wenn es niemanden gibt, der einen Traum erzählt. Das passiert praktisch nie. Was eine Traummatrix interessant macht, ist die Tatsache, dass es auch nach längeren Phasen der Stille Teilnehmende gibt, die ihre Stimme erheben und einen Traum mitteilen. Oder jemanden, der einen Einfall zu einem bereits mitgeteilten Traum der Matrix zur Verfügung stellt. Dieser Moment ist beispielhaft für die Autorisierung eines freien Denkens, wie es die Matrix befördert. Mit freiem Denken ist ein Reflektieren gemeint, das sich möglichst keinerlei Restriktionen auferlegt, mithin ein Denken, das sich getraut, Verbindungen zu verdrängten Inhalten oder zu Vergangenem herzustellen. Der erinnernde Rückbezug auf die Vergangenheit erscheint unserer Erfahrung nach gerade für Organisationen von größter Bedeutung, weil es oftmals eben die in Vergessenheit geratenen Ereignisse sind, die das inkorporierte Unbewusste einer Organisation beeinflussen, ohne dass dies den Mitgliedern bewusst sein muss. In der Tat wird die Gegenwart einer Gruppe maßgeblich auch von ihrer Vergangenheit mitbestimmt, so dass es für die Gruppenmitglieder lohnend ist, das, was war, einer Verarbeitung zu unterziehen.

Die Traummatrix ermöglicht eine weiterführende Verarbeitung unbewusster, aber latent vorhandener Sachverhalte in einer Weise, die kein logisch strukturiertes Verfahren ermöglichen würde. Insoweit würden sich die Effekte der Sozialen Traummatrix nicht einfacher erreichen lassen, wenn man eine Gruppe direkt aufforderte, sich an zurückliegende Ereignisse oder sonstige gruppenrelevante Wissenstatbestände zu erinnern – wie bei den sogenannten »Retros«, die in Unternehmen angewendet werden. Der scheinbare Umweg, den das Sprechen über Träume einschlägt, ermöglicht auch ein Sprechen über allerlei weitere Dinge, deren sachlicher Bezugsrahmen nicht immer schon gleich plausibel sein muss. Der Fokus auf den Traum verhindert, dass es dabei zur unmittelbaren Konfrontation der Teilnehmenden untereinander kommt. Anders gesagt, die Traummatrix dient als Behälter für Erwartungen, Sorgen, Hoffnungen, Ängste und vieles mehr, bloß dass diese Aspekte des Lebens und Arbeitens nicht als Du-Botschaften vermittelt werden, sondern anhand von Träumen und Assoziationen an die Matrix. Das hat den Effekt, dass Gedanken und unbewusste Fantasien zur Sprache gebracht werden können, ohne dadurch eine Irritation in den sozialen Beziehungen oder eine Spaltung in der Organisation zu riskieren.

Doch wozu soll die in der Matrix ermöglichte Art des Aussprechens von Gedanken beitragen, wo es doch in den meisten Organisationen Formate wie Meetings, Arbeitsgemeinschaften oder Gremien gibt, in denen sich die Mitglieder begegnen und austauschen können? Die Antwort auf diese Frage liegt wieder bei der Besonderheit der Matrix und ihrer Ausrichtung auf den Traum: Indem es in der Matrix möglich gemacht wird, über alles zu sprechen, soweit es als Traum oder als assoziierte Gedankenkette zu einem Traum auftaucht, verändert sich das Sprechen und damit das Denken von Gruppen maßgeblich. Anders gesagt: Durch das Sprechen über Träume wird immer mehr verhandelt, als die Träume allein zum Ausdruck bringen – und das, obwohl Träume häufig kurz und belanglos erscheinen:

Ich träumte, ich ging eine Straße entlang und betrat eine Bar, in der ich ein Croissant bestellte.

Träume haben mitunter auch einen absurden Charakter:

Ich fuhr mit dem Auto. Alle hundert Meter kam eine Ampel, dann kam ich an einen Kreisverkehr mit 15 Ampeln. Ich fühlte mich überwältigt.

Solche Inhalte bieten vielfache Anknüpfungsmöglichkeiten für die Assoziationen der anderen Teilnehmenden. Das Element Ampel kann etwa Auslöser weitergehender Gedanken rund um den Status einer Organisation werden: Stehen die Lichter auf Rot? Gibt es eine grüne Welle? Werden Haltesignale ignoriert? Freilich kann das Bild der Ampel auch Gedanken an politische Koalitionen usw. auslösen.

Nicht selten sind Träume auch unheimlich oder wecken Ängste:

Ich schwimme im Meer, liege im Wasser, um mich herum bunte Gegenstände, unklar, um was es sich handelt. Ich sehe an mir herab in die Tiefe des Wassers und spüre Angst, als ich erkenne, dass ich nackt bin.

In der Matrix werden auch solche Traumfragmente mitgeteilt. Sie regen andere Teilnehmende dazu an, sich über das Gehörte weiterführende Gedanken zu machen, die in die Nähe von verdrängten bzw. angstbesetzten Aspekten des Organisationslebens führen können. Für die Entwicklung einer Organisation ist dies ein wichtiger Schritt, weil er dazu führt, dass Widerstände und Blockaden erkannt und adressiert werden können. Die aufkommenden Assoziationen erweitern den Zusammenhang, stellen Verbindungen zu anderen Gedanken her, die dadurch einbezogen werden können.

Der Traum, nicht der Träumer

Das Herzstück des Prozesses in der Matrix, so legten wir bereits dar, ist die Unterscheidung zwischen Traum und Träumer: »Es ist der Traum, nicht der Träumer, der das Subjekt der Matrix ist« (Lawrence 2011). Die Träume werden als eigenständige, von der Person unabhängig existierende Objekte und weniger als verdeckte Botschaften aus einer privaten Welt gesehen.

Der britische Psychoanalytiker Wilfred Bion postulierte, dass es »Gedanken ohne einen Denker« (1992) inmitten sozialer und politischer Prozesse gibt, um deutlich zu machen, dass nicht die einzelne Person Ursprung und Quelle neuer Gedanken ist, sondern dass diese im sozialen Raum zirkulieren und sich gleichsam an einzelne Personen anheften, um von ihnen artikuliert und in den sozialen Prozess eingebracht zu werden. *Social Dreaming* versteht also den Traum als eine Botschaft aus dem »Unendlichen« einer sozialen Gruppe. Diese Unterscheidung hat enorme Konsequenzen für den Umgang mit den Träumen innerhalb der Traummatrix, wie noch zu zeigen sein wird. Beim Sozialen Träumen lernen wir also durch das Mitteilen von Träumen etwas über die Gruppe, über unsere Kultur, unsere Arbeitsstätte, über die Branche, in der wir tätig sind, und über die Gesellschaft, in der wir leben.

Bei Veranstaltungen, in denen es etwa täglich einmal stattfindende Sitzungen einer Sozialen Traummatrix gibt, kann man zudem immer wieder feststellen, wie Träume in ihrer Sprache und Symbolik auf Träume aus einer früheren Matrix reagieren. Das beobachtete schon Lawrence:

> »Kurz gesagt, unsere Fantasie oder Arbeitshypothese war, dass die Träume mit den Träumen sprechen würden, neue Gedanken und neues Denken entwickeln, jenseits des eher subjektiven Fokus der Einzeltherapie (was bedeutet der Traum für mich?) oder des eher gruppenzentrierten Fokus von Gruppenbeziehungsveranstaltungen (was bedeutet der Traum für die Gruppe?)« (Lawrence 2011).

Kunst und kreatives Potenzial

In der Tradition der *Group Relations Conferences* wurden unbewusste Dynamiken meist unter dem Aspekt von Abwehr und Widerstand behandelt, das heißt als etwas, was die Arbeit einer Gruppe, eines Teams behinderte und Veränderungen blockierte. Zentral für die Idee des *Social Dreaming* ist dagegen, dass es nicht nur um ein besseres Verstehen latenter Dynamiken geht, sondern auch um einen Zugang zu den schöpferischen Ressourcen, die im Unbewussten aufgehoben sind. Lawrence bezog sich in der Entwicklung seines Konzepts immer wieder auf Künstler, für die die Träume Horte der Kreativität sind: »Träume sind Quellen der Kreativität, traumhaftes Fantasieren ist der Ursprung jeder Kunst. Viele Kunstwerke sind kaum verwandelte Träume« (Luft 2021, 36). Die Erfahrung und Auseinandersetzung mit Kunst rufen Erinnerungen, Bilder, Assoziationen und Gefühle hervor, die neue Perspektiven auf soziale Prozesse ermöglichen. Lawrence ging also davon aus, dass das Unbewusste gleichzeitig auch Quelle des Schöpferischen ist, zu dem wir uns – ähnlich wie Kunstschaffende – Zugang verschaffen sollten, um daraus etwas Neues entstehen zu lassen.

Struktur und Prozess –
Die praktische Arbeit mit
der Traummatrix

Was bedeutet es, den Traum zum Gegenstand des Sprechens zu machen? Die Soziale Traummatrix bricht mit dem westlichen Verständnis von Träumen und holt den ursprünglichen Zugang zu Träumen zurück in unser Denken. Der Umgang mit einer neuen Methode setzt indes immer auch neue Begriffe voraus. Das gilt in diesem Sinne auch für die Arbeit mit der Traummatrix. Im Folgenden möchten wir vier zentrale Elemente näher erläutern und zeigen, wie sie die praktische Arbeit mit der Traummatrix begleiten.

Setting

Entsprechend der Idee der Matrix, etwas vernehmbar werden zu lassen, das an sich nicht direkt greif- oder sichtbar ist, kommt dem Setting – also der Bestuhlung des Raums – besondere Bedeutung zu. So kann schon über das Setting bei den Teilnehmenden eine Einstellung angeregt werden, die es ermöglicht, in der Arbeit mit der Matrix etwas von der Kultur des Unternehmens spürbar werden zu lassen.

Wir erinnern uns: Anders als bei Gruppenformaten üblich, formt die Bestuhlung einer Traummatrix kein rein kreisförmiges Gebilde, bei dem alle Anwesenden untereinander Blickkontakt haben. Die Bestuhlung der Matrix ist tendenziell sternförmig angeordnet – ähnlich wie eine Schneeflocke unter dem Mikroskop, denkbar wäre auch ein Muster vergleichbar einem Blütenkelch. Aus einem geometrischen Ausgangsmuster von zwei, drei, vier, fünf oder sechs Stühlen wird je nach Gruppengröße ein größeres Muster aus dem Vielfachen des ersten Musters gebildet, so als ob die erste Zelle der »Baustein« wäre, der immer wieder repliziert wird, bis die gesamte Konstruktion steht. Dies spiegelt gleichzeitig auch den Prozess innerhalb der Sozialen Traummatrix, bei dem nicht selten der erste Traum, der mitgeteilt wird, den Kern bildet, um den sich Assoziationen, aber auch weitere Träume gruppieren. Möglich ist auch, die Stühle gänzlich ungeordnet im Raum zu verteilen.

Einzelne Autoren und Autorinnen haben darauf hingewiesen, dass die beschriebene Formation an das erinnert, was der britische Psychoanalytiker D. W. Winnicott als Fähigkeit bezeichnete, »in Gegenwart anderer allein zu sein« (Winnicott 1958), wodurch eine Art Schutzwall gegen die Verführung des Gruppalen gebaut wird.

Hosts

Die Wahl des Begriffs und die Idee des »Hostings«, also der Gastgeberschaft, sind für die Soziale Traummatrix wegweisend. Allgemein hat die Gastgeberrolle im gesellschaftlichen und öffentlichen Leben, im Sport oder bei internationalen Treffen an Bedeutung gewonnen. Sie macht deutlich, dass Verantwortung übernommen wird für die Sicherung und Gestaltung des Rahmens, dass mit ihr jedoch keine umfassendere Führungsrolle beansprucht wird. Gastgeber sorgen also für das Gelingen einer Veranstaltung, sind aber nicht für den Erfolg verantwortlich.

Um sicherzustellen, dass die Matrix unter allen relevanten Vorgaben stattfinden kann, gibt es je nach der Größe der Matrix ein bis drei Gastgeber. Der Begriff »Gastgeber«/»Host« wurde von Lawrence für die Leitungsrolle gewählt, um Assoziationen mit anderen Kontexten, die an Begriffen wie Beraterin, Leitung, Moderator etc. anknüpfen, zu vermeiden. Die Aufgaben eines Hosts sind – je nach Einbettung der Traummatrix in den erweiterten organisationalen Zusammenhang – vielfältig. Dies beginnt mit der Terminierung, der Auswahl und Vorbereitung eines Ortes und des Themas der übergeordneten Veranstaltung (Konferenztitel oder -motto), führt über die Einladung bis hin zur Nachbesprechung unter den Hosts bzw. mit den anderen Kolleginnen des Staffs, etwa bei Konferenzen. Die Besprechung der Matrix mit allen Verantwortlichen einer Organisation ist deshalb so wichtig, um die Schlüsselbegriffe, das heißt die in der Matrix wiederholt verwendeten Wörter und Sprachbilder, mit den anderen Systemen einer (temporären) Organisation zu teilen. Um es an einem Beispiel zu illustrieren: In einer Sozialen Traummatrix werden Träume und Assoziationen mitgeteilt, die mit den Ausdrücken »Narbe«, »Narbenpflege«, »Wunde«, »Fädenziehen«, »Narbenbrüche«, »Juckreiz«, »Vergolden von Narben wie beim japanischen Kintsugi« (dem kunstvollen Zusammenfügen von Keramik- oder Porzellanbruchstücken) usw. operieren. Diese Begrifflichkeiten bilden Knotenpunkte, in denen sehr viele Gedankenverbindungen zusammenfinden, die Auskunft darüber geben, wie die Teilnehmenden der Matrix über die Organisation (unbewusst) nachdenken. Für die Entwicklung der Organisation ist es nun wichtig, dass diese Gedankenverbindungen von den Verantwortlichen und den Mitgliedern der anderen Systeme der Organisation (etwa Arbeits-, Groß- und Kleingruppen bei Konferenzen oder Teams und Abteilungen in Unternehmen) ebenfalls gewusst werden können, sofern sie nicht selbst an der Matrix teilgenommen haben. Erst durch Kenntnis dieser Ausdrücke bzw. Gedankenverbindungen kann sich die vieldeutige Wirkung der Sozialen Traummatrix auf die Organisation oder das Unternehmen entfalten und in deren Subsystemen weitere Veränderungen befördern.

Rechtzeitig vor Beginn der Traummatrix bereiten die Hosts den Raum vor und stellen die Stühle. Die Matrix beginnt pünktlich (hier sprechen wir von der »Zeitgrenze«) mit dem Schließen der Tür zum Raum, in dem sie stattfindet. Mit dem Beginn der Matrix ist diese aber noch nicht eröffnet, denn der Host teilt den Teilnehmenden zunächst noch kurz die Aufgabe und die Regeln mit. Dann erklärt er die Matrix für eröffnet, und die Teilnehmenden sind eingeladen, über ihre Träume und Assoziationen zu sprechen.

Hosts halten sich meist zurück und greifen lediglich ein, falls das Verhältnis zwischen mitgeteilten Träumen und Assoziationen zu einseitig wird oder falls es zu einer individuellen Traumdeutung kommt. Sie weisen gelegentlich auch auf Verbindungen zwischen den Träumen hin. Es kann vorkommen, dass ein Host die Aufmerksamkeit der Matrix auf das eine oder andere Merkmal ihres Prozesses lenkt, etwa auf das Ausbleiben von Träumen und/oder assoziativen Materials. Es ist jedoch wichtig, sich vor Augen zu halten, dass auch das Schweigen der Hosts mitunter eine wirksame Reaktion sein kann.

Die Hosts sichern den Teilnehmenden die Vertraulichkeit und den Schutz vor Störungen des Systems zu. Sehr selten werden bspw. Assoziationen geäußert, die von anderen Teilnehmenden oder denjenigen, die den Traum zur Verfügung stellen, als irritierend oder gar verletzend empfunden werden könnten. Hier ist es die Rolle der Hosts, auf die Regeln des freien Assoziierens zu verweisen und in bestimmten Fällen in den anschließenden Reflexionen Raum zur Verfügung zu stellen, um diese Kränkungen auszuräumen. Auch die Sorge für die Unterscheidung zwischen Matrix und Gruppe fällt in den Bereich der Störungsvermeidung, was in der Praxis bedeutet, dass der Host Diskussionen unter den Teilnehmenden oder andere gruppendynamische Prozesse begrenzt. Die zusätzliche Sicherung der Regel »Uns interessiert der Traum, nicht die träumende Person« bedeutet, dass Interpretationen oder Deutungen von Träumen unterbunden werden, die sich auf die Person, die den Traum eingebracht hat, beziehen. Grundsätzlich ist es für die Hosts auch möglich, eigene Träume oder Assoziationen einzubringen. Dies kann hilfreich sein in Gruppen, die mit der Arbeitsweise des *Social Dreaming* noch unvertraut sind, oder aber, um den Prozess zu fördern und beispielhaft zu intervenieren. Allerdings sollte der Host nicht die Person sein, die den ersten Traum einbringt, da dies den Verlauf der Matrix ungebührlich beeinflussen würde. Andernfalls würde ein Außenstehender die Richtung der Matrix vorgeben und die Teilnehmenden dazu bestimmen, mit *seinem* Material zu arbeiten, während es doch eher darum gehen sollte, dass die Teilnehmenden eigene Träume und Gedankenverknüpfungen zum Ausdruck bringen. Um es etwas anders auszudrücken: Hosts repräsentieren im theoretischen Sinne das »Nicht-Wissen«, von dem die Matrix ausgeht. Bis ein Muster entsteht, kultivieren sie die sogenannte »negative capability«, ein Konzept, das von Bion in Anlehnung an Keats entwickelt wurde (Bion 1970/2006).

Interventionen

Zugänge zu unbewussten Assoziationsverbindungen

Das freie Assoziieren in der Sozialen Traummatrix – dass die Teilnehmenden also alles ausdrücken, was ihnen durch den Kopf geht, ohne es zu zensieren – soll Zugänge zu unbewussten Gedankeninhalten und Assoziationsverbindungen ermöglichen. Wenn wir frei assoziieren, wird möglicherweise etwas ausgedrückt, das ansonsten abgewehrt wird und dem bewussten Nachdenken entzogen bleibt. Indem wir uns dem, was da gedanklich auftaucht, zuwenden und es aussprechen, entdecken wir Gedankeninhalte, die, wie erwähnt, über das rationale und diskursgebundene Denken, wie es in Organisationen die Regel ist, hinausführen. Ohne vorschnell bewerten zu müssen, was ihnen in den Sinn kommt, können die Teilnehmenden herausfinden, was sie mit den Traumbildern assoziieren, ebenso weiterführende Bilder erkunden, die sich mit diesen ersten Assoziationen verbinden, um gemeinsam die unbewussten Gedankenverbindungen ihrer Träume zu entdecken. Dies geschieht in der Sozialen Traummatrix oftmals von selbst, das heißt, es muss den Teilnehmenden nicht gleich auffallen. In vielen Fällen zeugen Affektäußerungen wie etwa spontanes Lachen davon, dass eine neue Verbindung des Denkens hergestellt wurde, die zugleich eine Art von Befreiung oder Entlastung ermöglichte.

Beim freien Assoziieren mag es oft so erscheinen, als würden die Teilnehmenden von einem Thema zum anderen springen und dabei den Fokus aus den Augen verlieren. Der gemeinsame Arbeitsprozess scheint dann keine klare Richtung zu entwickeln. Genau gesehen gibt es jedoch durchaus einen Prozess, der einem System folgt:

Die Assoziation einer Teilnehmerin löst eine weitere aus und diese wiederum neue Beiträge anderer Teilnehmender. In diesem häufig durchaus lustvollen Prozess und Spiel entsteht – zunächst unmerklich – eine Kette von »Signifikanten«, um hier einen Begriff aus der Psychoanalyse Jacques Lacans zu bemühen, die die Basis für weiterführende Assoziationsverbindungen und Reflexionsprozesse bilden. Der aufmerksame Zuhörer kann aus ihnen mit Leichtigkeit bestimmte Denk- oder Handlungsmuster heraushören, die ihm etwas über den Zustand der Organisation verraten.

Amplifikationen – Anknüpfungen an Kunst und Kultur

Als Weiterentwicklung des ursprünglichen Konzepts von Gordon Lawrence hat es sich bewährt, sogenannte »Amplifikationen« als weitere Reaktionsform auf Traumbilder und Assoziationen einzubringen. Mit diesem aus der analytischen Psychologie C. G. Jungs übernommenen Konzept bezeichnen wir eine Erweiterung des Trauminhalts durch Vergleich bzw. Verknüpfung der Traumbilder mit Bildern aus der Mythologie, den Religionen oder der Kunst- und Kulturgeschichte, die in sinnverwandter Beziehung zum Inhalt eines Traums stehen können. Die thematische Erweiterung vertieft einen Gedanken, ein Bild, einen Satz. Die Teilnehmenden einer Matrix nutzen die genannten kulturhistorischen Bezugnahmen, um in der Matrix einen Traum zu erforschen, ihn in einen bestimmten kulturellen Kontext einzuordnen und seine Symbolik zu verstehen. Bei dieser an Träume bzw. freie Assoziationen anschließenden Bezugnahme auf Titel oder Szenen aus Literatur, Musik, Malerei, Märchen etc. wird die Annahme vermieden, dass es richtige oder falsche Verknüpfungen gibt, während es durchaus interessant für die Arbeit in der Sozialen Traummatrix ist, welche Amplifikationen von den Teilnehmenden wiederholt aufgegriffen und weitergedacht werden. Die Resonanz, die ein Artefakt in einer Matrix erfährt, sagt etwas über seine Aussagekraft in Hinblick auf die Traumgedanken der Teilnehmenden aus. Die literarische oder kulturelle Referenz, die die Amplifikation einbringt, kann insoweit den Verstehensprozess der Matrix anregen.

Die Einbeziehung verschiedener Systeme

Wie bereits ausgeführt, sind Elemente des systemischen Denkens eine dritte wichtige Form des Beitrags zur Arbeit innerhalb der Sozialen Traummatrix. Diese Form der Intervention identifiziert Muster, die Träume miteinander verbinden, indem sie ähnliche Traumelemente zu gemeinsamen Themen zusammenführt. Systemisches Denken sucht nicht in erster Linie nach der besten und erfolgreichsten Option, sondern zieht alle Optionen in Betracht und lässt dann eine mögliche Synthese entstehen. Diese Synthese kann den gesamten Traum widerspiegeln und zum Schlüssel für die Entdeckung einer unerwarteten Einsicht werden. Auf diese Weise ergeben sich neue Blickwinkel der Betrachtung von Sachverhalten und Situationen. Es bleibt aber festzuhalten, dass diese Form der Verknüpfung nicht das Ziel der Traummatrix ist, sondern eine je nach Situation weiterführende Intervention, um Zusammenhänge herzustellen. Das klappt besonders bei wiederkehrenden Elementen in Träumen.

Social Dreaming als Prozess

Die Eröffnung und Klärung der Aufgabenstellung

Jede Matrix bedarf einer sorgfältigen Vorbereitung. Dies gilt besonders, wenn Teilnehmende bisher keine Erfahrung mit *Social Dreaming* gemacht haben. Die Vorbereitung hat in diesem Fall zwei Teile:

1. Im Vorfeld einer Traummatrix, etwa am Abend zuvor, geben die Hosts eine kurze Einführung von etwa 15 Minuten Dauer. Diese könnte folgendermaßen lauten:

»Mein Name ist XY. Meine Kollegin YX und ich haben Sie als Hosts für morgen und übermorgen früh in der Zeit von 8 bis 9 Uhr zur Sozialen Traummatrix eingeladen. Als Hosts besteht unsere Rolle darin, für die zeitlichen und organisatorischen Grenzen zu sorgen und sicher zu stellen, dass innerhalb der Matrix entsprechend den Regeln gearbeitet wird. Darüber hinaus kann es sein, dass wir eigene Träume oder eigene Assoziationen beisteuern und versuchen werden, Verbindungen zwischen den Träumen herzustellen. Da manche von Ihnen mit dieser Methode nicht vertraut sind, möchten wir sie Ihnen kurz beschreiben.

Das *Social Dreaming* wurde 1982 von Gordon Lawrence entdeckt und als Methode entwickelt. Dass Träume eine soziale Bedeutung haben können, wurde ihm nicht zuletzt durch ein Buch von Charlotte Beradt mit dem Titel »The Third Reich of Dreams« deutlich. Viele der Träume, die Beradt in den späten 1930er Jahren in Deutschland durch Gespräche mit Befragten gesammelt hatte, wiesen bereits auf die bevorstehenden

Katastrophen hin [in dieser Einführung wird der Begriff »Krieg« vermieden, das führt die Offenheit zu schnell in die Enge].

Das Soziale Träumen ist eine sozioanalytische Methode, die darauf beruht, Träume einander mitzuteilen, um so deren sozialen Sinn und die Bedeutung zu erkennen und neue Denkprozesse zu ermöglichen. Dies geschieht durch freie Assoziationen und Amplifikationen zu den Träumen in der Traummatrix. Frei zu assoziieren bedeutet mitzuteilen, was einem durch den Kopf geht, ohne es zu zensieren und unabhängig davon, ob es anderen gefällt oder nicht. Amplifizieren heißt, Bezüge zu anderen kulturellen Phänomenen und Schöpfungen herzustellen, wie bspw. Literatur, Musik, Film oder Malerei. Freie Assoziationen und Amplifikationen erweitern das Denken und die mögliche Bedeutung des Traums. Für jeden Traum gibt es so viele Assoziationen und Amplifikationen wie es Teilnehmende in der Traummatrix gibt.

Die beiden wichtigsten Regeln sind: *Social Dreaming* fokussiert das Denken und Wissen, das mit dem Traum verbunden ist, nicht den Träumer, und es erfolgen keine Interpretationen oder Deutungen der Träume.

Wir freuen uns darauf, Sie morgen früh zur Sozialen Traummatrix begrüßen zu dürfen.«

Im Anschluss besteht Raum für Fragen der Teilnehmenden, außerdem kann es sinnvoll sein, Anregungen zu geben, wie die Träume der Nacht behalten werden können, etwa durch kurze Stichworte am nächsten Morgen auf einem Zettel, der sich in der Nähe der Schlafstelle befindet.

2. Zu Beginn der Traummatrix starten die Hosts mit einer kurzen Einführung zur Erinnerung. Diese kann folgendermaßen aussehen:

»Guten Morgen! Mein Name ist XY. Meine Kollegin YX und ich begrüßen Sie in unserer Rolle als Hosts zur Sozialen Traummatrix, zu der wir Sie eingeladen haben. Ich darf Sie kurz an die Aufgabe und Arbeitsweise der Sozialen Traummatrix erinnern:

- ▸ Wir arbeiten mit den Träumen, die Sie mitgebracht haben und mitteilen werden. Es geht nicht um den Träumer.
- ▸ Wir explorieren das Unbewusste und das Unendliche. Wenn wir unsere Aufmerksamkeit auf die Träume richten und am Wissen, das diese Träume enthalten, interessiert sind, kann man vom sozialen Unbewussten sprechen. Das soziale Unbewusste ist mit dem Unbekannten, dem Unendlichen und Unverfügbaren verbunden. Das Bewusste bezieht sich auf das, was endlich und bekannt ist. In der Sozialen Traummatrix geht es um das Unendliche.
- ▸ Als wichtigste Regel gilt: Keine Interpretationen oder auf die Person bezogenen Deutungen.
- ▸ Die Aufgabe der Sozialen Traummatrix besteht darin, durch die Exploration der Träume neues Denken zu ermöglichen. Dies geschieht durch freie Assoziationen und Amplifikationen zu den Träumen, um so Zusammenhänge und Verbindungen zu schaffen, durch die neues Denken entstehen kann.

Die Traummatrix ist hiermit eröffnet. Was ist der erste Traum?«

Die *Social Dreaming Matrix* in sieben Schritten

Im Regelfall dauert eine Traummatrix je nach Anzahl der Teilnehmenden 45 bis maximal 90 Minuten. Folgende Schritte sind dabei zu beachten:

Schritt 1: Vorbereitung des Settings
Vor Beginn der Matrix bereiten die Hosts den Raum vor, sorgen für die entsprechende Positionierung der Sitzplätze und für ausreichend Licht. Einer der beiden Hosts kommt früher und sucht sich einen Platz in der Blickachse zu seinem Co-Host, während der andere Host pünktlich zum Beginn der Matrix, also auf der Zeitgrenze, in den Raum kommt, die Tür schließt und auf einem noch freien Stuhl Platz nimmt.

Schritt 2: Eröffnung der Matrix

Einer der beiden Hosts eröffnet nun die Sitzung, indem er oder sie kurz die Aufgabe und die Regeln erläutert und mit dem Satz »Die Traummatrix ist hiermit eröffnet. Was ist der erste Traum?« die Einführungs- und Eröffnungsrede abschließt.

Schritt 3: Der erste Traum

Früher oder später erzählt eine teilnehmende Person einen Traum, meist aus der vergangenen Nacht. Dies kann ein längerer Traum sein aber auch ein Traumfragment, also ein Bild, eine sehr kurze Sequenz o. Ä. Manchmal dauert es auch etwas länger, bis der erste Traum erzählt wird. Dann heißt es für die Hosts, Geduld zu üben, zu schweigen und abzuwarten. Man kann davon ausgehen, dass es immer einen Traum geben wird, der erzählt wird, dass die Matrix aber langsam Vertrauen gewinnen muss. Es gibt aber auch Traummatrizen, in denen die Träume und Assoziationen nur so hervorsprudeln, was wiederum ein Zeichen für Übereifer und übertriebenen Gehorsam der Gruppe sein kann oder für ihr Unvermögen, einen Moment der Stille bzw. Unsicherheit gemeinsam auszuhalten.

Schritt 4: Reaktionen auf den Traum

Die Teilnehmenden der Matrix steuern Träume, freie Assoziationen und Amplifikationen bei. Dieser Schritt bildet den Kern der gemeinsamen Arbeit in der Traummatrix. Indes fällt es nicht allen leicht, in den Modus des freien Assoziierens zu kommen. So können an dieser Stelle Interventionen in Richtung der träumenden Person (»Du magst wohl keine schnellen Autos« o. Ä.) auftauchen, die der Host dann durch einen Hinweis auf die Regel »Traum, nicht Träumer« unterbinden kann. Es empfiehlt sich auch, direkte Fragen an die träumende Person oder aufkommende Dialoge und Diskussionen zu unterbrechen. Meistens entwickelt sich in der Matrix aber ein freier Fluss von Assoziationen, Träumen und Ideen. Wie schon gesagt, kann sich auch der Host mit einem Traum oder einer Assoziation beteiligen. Er sollte aber im Blick behalten, dass ein zu aktives

Beisteuern die Bereitschaft der Teilnehmenden, sich an seinen Inhalten zu orientieren, befördert. Bevor die Hosts überhaupt intervenieren, sollte die Matrix zunächst einmal rund zehn Minuten aus sich selbst heraus gelaufen sein.

Schritt 5: Weitere Träume und Assoziationen

Nach einer gewissen Zeit wird meistens spontan ein weiterer Traum beigesteuert, auf den Assoziationen folgen. Sollten die Teilnehmenden sehr lange mit einem zweiten bzw. weiteren Träumen warten, kann der Host dies durch eine entsprechende Intervention forcieren – etwa indem er sagt: »Vielleicht gibt es noch weitere Träume, die uns helfen könnten, die Gedanken weiterzuentwickeln …« Es kann auch vorkommen, dass Teilnehmende, wenn sie erstmals an einer Traummatrix teilnehmen, dem Missverständnis unterliegen, dass zunächst möglichst viele Träume direkt hintereinander erzählt werden sollen, bevor sie beginnen dürfen zu assoziieren. Hier kann ein Hinweis des Hosts hilfreich sein, allen Träumen durch Assoziationen und weitere Interventionen die gebührende Aufmerksamkeit zukommen zu lassen.

Wenn weitere Träume und Assoziationen in der Matrix eingebracht sind, kann es sein, dass sich in den Träumen und Assoziationen bestimmte Muster, Themen, Verbindungen aufdrängen. Hier ist der Host gefragt, durch Beiträge im Sinne des systemischen Denkens darauf aufmerksam zu machen. Dies sollte in einer Form geschehen, die weitere Assoziationen und Gedanken anregt und nicht etwa die Produktion von Assoziationen schließt.

Schritt 6: Abschluss der Matrix

Nach der vereinbarten Zeit beendet der Host die Arbeit in der Sozialen Traummatrix gegebenenfalls mit dem Hinweis auf die Zeitgrenze. Er kann sich für die Träume und Assoziationen der Teilnehmenden bedanken, kann aber auch schlicht mit dem Satz »Hiermit endet die Traummatrix« schließen. Für den Fall, dass im Anschluss eine Traumreflexionsgruppe geplant ist, kann der Host diese noch ankündigen. Dazu ist es wichtig, das spezifische Setting der Matrix aufzulösen und die Teilnehmenden zu bitten, sich in einen Kreis zu setzen, um die weiteren Instruktionen zu geben.

Schritt 7: Nachbesprechung

Dass eine Soziale Traummatrix nie isoliert stattfindet, sondern immer als Teil von anderen sozialen Systemen und Organisationen wie Unternehmen oder Konferenzen, stellten wir bereits heraus. Zur Einbindung der Ergebnisse der Matrix in diese Systeme ist es wichtig, die Inhalte und Dynamiken der gerade stattgefunden Matrix mit dem erweiterten System zu teilen. Findet die Matrix zum Beispiel alltäglich morgens vor Beginn einer Tagung statt, sollten die Hosts umgehend nach Beendigung der Matrix mit den Veranstaltenden ein Briefing durchführen, in dem sie diese über besonders markante Träume und Assoziationen und die für sie verwendeten Ausdrücke und Metaphern informieren. In den an die Matrix anschließenden Veranstaltungsformaten und Zusammenkünften mit den Matrix-Teilnehmenden können die Veranstaltenden (zur Erinnerung: bei einer Konferenz der Staff, bei einem Unternehmen die Führungskräfte) nun erkennen, welche Themen, Beweggründe, Emotionen oder Erinnerungen das Denken der Gruppe beschäftigen. Das versetzt die Veranstaltenden in die Lage, die Gedanken aus der Matrix in den weiteren Verlauf der Zusammenarbeit einzubeziehen. Gruppen und ihre Funktionstragenden können somit zu einem erweiterten Verständnis ihrer Beziehungsdynamiken gelangen und die Weiterentwicklung ihrer Organisation oder ihres Teams mit einer differenzierteren Haltung begleiten.

Traumreflexionsgruppen

Wird *Social Dreaming* im Rahmen von Ausbildungen oder Workshops angeboten, hat es sich bewährt, im Anschluss an die Traummatrix den Raum zur Reflexion und zum Transfer zu öffnen. Dabei kann es sinnvoll sein, dass sich die Teilnehmenden zunächst etwas Zeit für

Notizen nehmen oder miteinander austauschen. Während die Traummatrix – psychoanalytisch gesprochen – den Primärprozess avisiert, kommt in der Reflexionsphase der Sekundärprozess zum Zuge. Das heißt, es geht jetzt darum, Inhalte und Dynamik der Matrix rational zu erfassen und miteinander zu besprechen: Was hat in der Traummatrix berührt? Welche neuen Gedanken, Einsichten und Ideen sind aufgetaucht? In welchem Verhältnis stehen sie zu der Situation der Gruppe und ihrer Mitglieder in ihren organisationalen Kontexten? So können in den Traumreflexionsgruppen Themen gezielt identifiziert und besprochen werden, die in der Matrix zunächst im Gewand von Träumen und Assoziationen aufgetaucht sind.

Ferner kann die Gruppe daran arbeiten, welche weiterführenden Arbeitshypothesen und Ideen aus dem gesammelten Material hinsichtlich des gemeinsam gewählten bzw. bestehenden Kontexts (z. B. die Gruppe, das Team, die Organisationen, gesellschaftliche Bereiche etc.) entwickelt werden können. Auch hier geht es nicht um die »richtige« Interpretation, sondern darum, die Traummatrix als Reflexionsgrundlage und schöpferische Quelle zu nutzen. Die in der Matrix aufgetauchten Partikel gemeinsamen Wissens dienen auf diese Weise dazu, neue Einsichten in die Gruppenrealität zu formulieren. Wichtig ist auch hier zu erkennen, dass die potenzielle Bedeutung der Träume und Assoziationen multizentriert ist: Sie kann, wie schon gesagt, reflektiert werden im Hinblick auf die verschiedenen Kontexte, zu denen die Mitglieder gehören – also deren Institution, Gesellschaft, Nation sowie weitere denkbare Organisationsformen.

Abschließend sei der Prozess von *Social Dreaming* in einer grafischen Übersicht dargestellt:

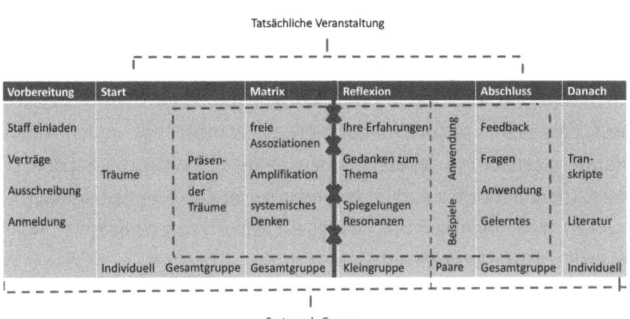

Abbildung 1: Der Gesamtprozess einer Sozialen Traummatrix im Überblick nach einer Skizze von Rose Redding Mersky

Illustration: Protokoll einer Traummatrix

Zur Verdeutlichung des Beschriebenen soll im Folgenden der Ausschnitt von Mitschriften aus einem Workshop dienen, der im Rahmen einer Tagung, in der es um die Verbindung von Psychoanalyse und Supervision und die Einbeziehung unbewusster Prozesses in die Beratungsarbeit ging, durchgeführt wurde.

Träume aus einer Traummatrix

Traum Nr. 1:
Ein Mann träumte, …

… er wäre mit einer Reisegruppe unterwegs. Im Bus. In Frankreich unterwegs. Es sind Menschen, die er nicht kennt. Ihm sind keine Gesichter bekannt. Sie kommen in ein kleines, mittelalterliches Dorf. Kleine Häuser, die scheinbar menschenleer sind. Sie sind in einem modernen Kinosaal. Dort sind französische Männer: Landarbeiter, Bauern, Mechaniker. Die Gruppe verteilt sich im Kino zwischen die Männer. Von dem Film versteht er nichts – es ist ein französischer Film – bis das Wort »Freud« fällt. Die Mitglieder der Reisegruppe wenden sich einander zu und lachen sich an. Es ist ein Gefühl der Gemeinsamkeit. Die französischen Männer stehen auf und verlassen schweigend das Kino.

Traum Nr. 2:

Ein männlicher Teilnehmer träumte, …

… dass er von der Tagung zurückkommt. Zu Hause stellt er langsam fest, dass sich in seiner Wohnung etwas verändert hat. In dem einen Raum … Zerstörung. Tapetenbahnen hängen … Boden. Sägespäne. Er regt sich schrecklich auf, dass jemand in seiner Abwesenheit die Räume ruiniert, stellt dann aber fest, dass es ein Versuch zu renovieren ist. Aber er regt sich immer noch auf.

Assoziationen:

▸ In beiden Träumen etwas Unbekanntes
▸ Beziehungslos, keine Interaktion
▸ Träumer: für ihn war klar, dass es seine Mitbewohnerin war
▸ Schwierigkeit, Assoziationen und Verknüpfungen zu bringen. Er fragt sich, ob das so ist wie im Traum, dass kaum einer Französisch versteht, aber bei »Freud« haben sie alle gelacht, und wer dann rausgehen muss? Im Traum waren das eher die Bodenständigen
▸ 1. Traum: gesichtsloser Bus = meine Kollegen und ich (Supervisorin) fahren in neue Kulturen, möglicherweise Organisationskultur, Wirtschaft über Medium Psychoanalyse einbringen
▸ Deutschland und Frankreich. Erzfeindschaft. Erst seit ein paar Jahren wird die Freundschaft gepflegt
▸ Vortrag B. (Referent der Tagung) »feindliche Übernahme«, irgendwie ist das auch eine Art von Übernahme
▸ Wer denn?
▸ Aktien kaufen, Freud: Man sagt, wer man ist und dann merken die anderen, dass man im Begriff ist, in Besitz zu nehmen. Es ist bescheuert, in einen Film zu gehen, wenn man die Sprache nicht versteht
▸ Französisches Kino aber die Franzosen verlassen den Raum
▸ Lachend: dies ist eine erfolgreiche Organisationsberatung
▸ Man muss die Sprache kennen
▸ Jedenfalls war es ein Zauberwort
▸ Sie ist in Frankreich ganz oft ins Kino gegangen, um die Sprache zu lernen. In Frankreich gab und gibt es ganz kluge Analytiker

- Im Kino saßen nur französische Männer
- Könnte auch ein Hinweis auf die Art des Filmes sein
- Französisch = Fachchinesisch = das kommt mir spanisch vor. Auf Freud schnell e…= Freude, aber wenn es dann ins Detail geht, gibt es schon viel, was ihm spanisch vorkommt
- Früher Träume K … Psychoanalyse-Frankreich. Gestern im Traum Tafel – Frankreich und Essen
- Der erste Fachartikel von Freud ist auf Französisch erschienen
- Der war vermutlich noch über Hysterie
- In Paris gibt es einen Studiengang zur Institutionellen Psychoanalyse, der sich mit dem Unbewussten in Organisationen beschäftigt
- In Frankreich ist alles besser
- Ich denke bei Frankreich an die Liebe
- Kann man ja französisch machen
- »La femme n'existe pas« von Lacan. Ob das für Frauen wohl besser ist – Kino
- Frankreich = Urlaub, da bin ich gerade gar nicht, eher beim Renovieren. Was muss renoviert werden? Was abgerissen? Tapeten = ??? (Leben??) Wofür steht das Parkett? … »arbeite ich in der Gosse oder in den Messehallen?«
- Wenn ich nach Hause komme, wird mir der Boden unter den Füßen weggezogen
- Der Träumer: die Reichen hätten es am wenigsten nötig. Anstatt die Gemeinschaftsräume, sondern von dem, der nicht da ist
- Jetzt soll der Traum konkret gemacht werden
- Manchmal?? man sich bei der Renovierung

Traum Nr. 3
Ein männlicher Teilnehmer träumte, …

… er war mit dem Fahrrad in den Bergen. Es war kein Mountainbike, ein normales uraltes Rad. Er musste es die meiste Zeit tragen. Eigenartigerweise kein Gefühl damit verbunden. Das Erleben stand im Vordergrund. Er war nicht allein, es waren viele unterwegs.

Assoziationen:

▶ Sisyphos: etwas so Sinnloses wie ein Fahrrad auf den Berg tragen

▶ Viele Träume mit Fortbewegungsmitteln

▶ Hier ist eine Fortbildung

▶ Berg und Kino und Plateau = Organisation. Symbolisieren den Wunsch, mit der eigenen Arbeit den Überblick zu bekommen. Menschen treffen sich angesichts des leeren Dorfes, aber man versteht die Sprache nicht. »Freud« als Verhörer (im Sinne von Versprecher) eigentlich ganz unser Sinngehalt

▶ Aber das ist ein schönes romantisches Bild für die Liebe. 1. Traummatrix = Suche. 2. Traummatrix = Aggressionen, Abgrenzung, Konkurrenz, Neid. 3. Traummatrix = Bindungswünsche, Liebe, ohne die Organisation nicht geht

▶ Wenn man im Kino mit den Männern ist oder Fahrrad trägt, muss man aufpassen, dass zu Hause die Frau nicht die Wohnung renoviert

▶ Irgendetwas passt nicht zusammen, S. Beitrag, Reflexionsgruppen

▶ Das Schnelle ist Fiktion, das Mühsame ist Realität

▶ … Freud: Assoziation »Freund«. Aber die Freundschaft gelingt nicht ganz. Innere Unsicherheit, Ringen um Kontakt, um das Neue und die Schwierigkeit, es nicht zu verlieren, Preis zu geben. Schwierigkeit zwischen Franzosen und Deutschen

▶ Frauen und Männern

▶ Passen nur zusammen, weil sie so unterschiedlich sind

▶ Liebe zwischen Frauen und Männern, Bindungen, Verbindung und getrennte Räume

▶ Aber auch hier glattes Parkett

▶ Aber es wurde freudig getanzt

▶ Fahrrad: Medien, Kommunikation, Geschwindigkeit der Medien ist der Geschwindigkeit des Fahrrads um Längen voraus. Verschlungenes Haus, die Versch…??? Hat genau die CH?? (Chance?) ausgemacht. Er fragt sich, ob Psychoanalyse und Supervision siamesische Zwillinge sind

▶ Liebe, Psychoanalyse und Supervision müssen sich doch nicht lieben. Eher Zweckgemeinschaft als Liebeshochzeit. Müssen wie Fahrrad funktionieren. Vertrag hat nicht fort-trägt. Sind im Kreis, um das Rad neu zu erfinden. Die Schnecke löst es (sie, sich??) auf

▶ Wie geht es den Franzosen, dass das Team der Telekom die Tour de France gewonnen hat?

▶ Zweckgemeinschaft Psychoanalyse und Supervision. Weiß der eine nie, was der andere macht, wenn er nicht da ist

▶ Psychoanalyse und Supervision: schmerzhaft, operativ getrennt

▶ Psychoanalyse, Supervision: Zwangsheirat, irgendwann kommt Widerstand. Auf was hat man da sich eigentlich eingelassen? Was andere einem da angetan haben?

▶ Große Mitgift bei Zwangsheiraten

▶ Korruption

▶ Die Eltern haben das miteinander verhandelt

▶ Liebe, Gefühle, die nur von Männern sind, ob nicht denken (?) der Teil ist – nach dem gestrigen Abend eher die Fantasie gibt, dass die Träume der letzten Nacht zu persönlich waren. Träume nur für Männer oder nur für Frauen. Werden gleich wegzensiert, weil sie für die anderen keine Bedeutung haben

▶ Ja, meinen hören sie nicht [die Teilnehmenden lachen]

▶ Sie wollen ihre Inhalte in den anderen Träumen entdecken, anstatt ihren Traum zu erzählen

▶ Zwangsheirat, Gedanken an Sekten, einzige Plattform, wo heute sowas akzeptiert wird. Frage: brauchen diese Menschen die a?? Sekten (??) für ihre Ehre Liebe?

▶ Zwangsheirat wegen Geld

▶ Zwangsheirat in anderen Kulturen, z. B. Indien

▶ Es braucht jedenfalls einen Regulator

▶ DGSV-Tagung: eine fremde Frau sagt, Supervisoren hätten etwas Sektiererisches

▶ Wo ist das Spezifische des Bildvergleiches und wo ist die Realität

▶ Der Traum erzählte: Die Franzosen sind nicht gegangen, weil sie Freud hörten

Das hier in Auszügen dargestellte Material einer Sozialen Traummatrix entstammt einer Tagung, die sich an Supervisorinnen und Psychoanalytiker richtete. Ziel der Tagung war die Entwicklung eines Konzepts für eine psychoanalytische Supervision. Die Begegnung und Auseinandersetzung mit der Psychoanalyse trat auch in den Träumen und Assoziationen hervor: Da steht die Reise in ein fremdes, wenn auch geliebtes Land im Mittelpunkt, die Reise nach Frankreich. Die Begegnungen sind geprägt vom Nicht-Verstehen, was verbindet ist das Wort »Freud«. Das Interesse hat eine andere Seite, die Sorge, dass das eigene Zuhause zerstört bzw. beschädigt werden könnte. Die anderen fremden Männer gehen wortlos, die Begegnung könnte auch scheitern. Das Ganze ist mit der Angst vor einer feindlichen Übernahme verknüpft. Andererseits gibt es auch Fantasien von einer neuen Gemeinsamkeit, gar Liebe, etwas Neuem, was daraus entstehen könnte. Aber auch hier herrscht Skepsis, ob es sich um eine Liebes- oder eine Zwangsheirat handeln könnte und alle Mühen am Ende auf eine Sisyphusarbeit hinauslaufen.

Ebendiese Fragen, Zweifel und Hoffnungen standen auch bei den übrigen Veranstaltungen der Tagung im Mittelpunkt der Diskussionen. Sie wurden der Ausgangspunkt für die sich in den darauffolgenden Jahren entwickelnde Form einer psychoanalytischen bzw. psychodynamischen Supervision.

In den hier dargestellten Sequenz aus der Traummatrix wird zweierlei erkennbar: Zum einen gibt es keinen Bezug zu den träumenden Personen, die Gegenstand von Assoziationen oder Interpretationen wären. Zum zweiten wird der spielerische Umgang mit Ausdrücken, Begriffen und Sprachbildern sichtbar, die die Grundlage für neues Denken und kreative Entwicklungen bilden.

Exkurs: Psychoanalytische Hintergrundkonzepte

Dieser Exkurs erörtert grundlegende Konzepte der Sozialen Traummatrix und dient damit einer Vertiefung des Verständnisses für die Arbeitsweise mit der Matrix.

Freie Assoziation

In den Anfängen der Psychoanalyse war die freie Assoziation der Befreiungsschlag, mit dessen Hilfe es Freud gelang, sich von den medizinischen Fesseln bei der Therapie hysterischer Patienten zu lösen. Zuvor hatte er sich zur Behandlung dieser Symptome der Hypnose und der Technik des Handauflegens bedient, allerdings mit begrenztem Erfolg. Erst als er seine Patientinnen dazu aufforderte, geradeheraus zu sagen, was ihnen einfalle, eröffnete sich ihm ein neuer Zugang zum Verständnis der Hysterie. Basierend auf dieser Entdeckung bestimmte Freud wenig später die freie Assoziation zur Grundregel der psychoanalytischen Technik überhaupt. Und auch heute noch vereint alle psychoanalytischen Verfahrensansätze – abseits von Divergenzen und Differenzen – die Förderung der freien Assoziation. Sie stellt das spezifische Verfahren der Psychoanalyse dar, um »handlungsbestimmende Intentionen sowie die komplexen Prozesse unbewußt motivierter Kommunikation und Interaktion und deren Motive in ihrem Sinn« zu erschließen (Haesler 1995, S. 86).

Die freie Assoziation ist jedoch nicht nur eine klinische Verfahrensweise. Freud wandte dieselbe Technik auch bei der Deutung von Träumen »gesunder« Menschen an und arbeitete mit dem Material, das den Träumenden zu den verschiedenen Elementen eines Traums einfiel (Freud 1900/1999, S. 102, Fn. 2). Man kann diese Vorgehensweise als einen Paradigmenwechsel des forschenden Arbeitens beschreiben: Das zu erforschende Objekt, hier die Traumerzählung und die Assoziationen der Träumerin, werden zur Quelle der Erkenntnis gemacht, während der Experte und sein Fachwissen dahinter zurücktreten (Senarclens de Grancy 2015, S. 35). Diesem Paradigmenwechsel folgt auch die Soziale Traummatrix, indem sie den Traum in den Mittelpunkt stellt und nicht die Person, die träumt. Die verschiedenen Elemente der Träume, die in die Matrix einfließen, sind Träger und Repräsentanten eines Denkens, welche aus sich heraus, aber insbesondere auch im Kontext der an sie anknüpfenden Assoziationen erfassbar werden soll. Um die erkenntnisfördernde Wirkung der freien Assoziation zu verstehen, muss man sich dennoch klar machen, dass diese nicht wirklich frei ist, sondern – im Gegenteil – gebunden, genauer gesagt: überdeterminiert. Bei Freuds Grundregel geht es gewissermaßen um »ein Zurückziehen der Wache von den Toren des Verstandes« zur Erzielung eines »Zustand[s] der kritiklosen Selbstbeobachtung« (Freud 1900/1999, S. 108). Die freie Assoziation stellt mithin die Aufforderung dar, den unbewussten Fantasien, Gedanken und Gefühlen unbeschränkt Ausdruck zu verleihen. Diese Freiheit der Artikulation ist in Organisationen insoweit »zensiert«, als es dort den bereits aufgezeigten, nach bestimmten Regeln funktionierenden Sprachcode gibt, den sich die Mitglieder aneignen, um dazugehören und anerkannt zu werden. Im Rückgriff auf die Technik der freien Assoziation erlaubt die Arbeitsweise in der Sozialen Traummatrix, hiervon eine Ausnahme zu machen, so dass die Beschränkungen des Sprechens für einen Moment außer Kraft gesetzt werden können.

Präsenz statt Deutung

Die Teilnehmenden innerhalb der Sozialen Traummatrix entwickeln über ihre Assoziationen und Beiträge eine Fülle von Bedeutungen, die nebeneinander stehen oder auch konkurrieren können. Beim *Social Dreaming* soll es aber nicht Ziel sein, daraus eine für alle Teilnehmenden verbindliche Deutung zu entwickeln, sondern diese Vielfalt bestehen zu lassen und für die weitere Arbeit zu nutzen. Denn die Bewegung in der Matrix findet sich gerade darin, Erzählung durch Assoziationen oder Verbindungen zu Film, Literatur oder anderen kulturellen/sozialen Objekten zu ermöglichen, ohne den Prozess vorschnell zu schließen. In dieser Arbeitsweise setzt das *Social Dreaming* auf einen Zugang, wie wir ihn häufig auch in der psychoanalytischen Theorie vorfinden, wenn statt des Prinzips »Deutung« die Prinzipien »Präsenz und Performativität« in den Vordergrund rücken (Schmidt 2014).

Containment

Träume repräsentieren auf verstellte Art soziale Erfahrungen, an denen immer auch andere beteiligt sind. Sie geben einem bislang unbestimmbaren Gedanken eine Stimme, über dessen symbolische Bedeutung die Matrix Hypothesen bildet.

> »Soziales Träumen dient insoweit als eine multifunktionale symbolische Kommunikationspraxis, die neue Kontaktflächen zwischen den Teilnehmer:innen herstellt und auf diesem Wege Spannungen und Reibungen ausgleichen kann. Denn sowohl individuelle als auch kollektiv geteilte unbewusste Gruppen- und Organisationsphantasien in Bezug auf die Organisation und die dortigen Beziehungsdynamiken unter Kollegen, Mitarbeitern und Vorgesetzten kommen auf indirekte Weise zur Sprache« (Senarclens de Grancy 2018, S. 326 f.).

Tatsächlich hat das Sprechen über Träume für die Teilnehmenden einer Matrix auch etwas Erleichterndes, Kathartisches. So wird häufig berichtet, wie sehr die Erfahrung, einen Traum erzählen zu können, von einer Last befreie. Es lässt sich daher davon ausgehen, dass *Social Dreaming* auch die Funktion des Behälters im Sinne des *Containings* übernimmt. *Containment* bezeichnet ein von Wilfred Bion entwickeltes Modell zum Umgang mit emotionalen Spannungszuständen. Das Modell vergleicht die Haltung eines Therapeuten oder auch einer Beraterin mit einem Behälter, also einem Container, der in der Lage ist, Frustrationen, Ängste und weitere starke Affektzustände aufzunehmen, damit Patienten ebenso wie Klientinnen wieder in die Lage versetzt werden, überfordernde Situationen mittels Gedankenarbeit zu bewältigen. Durch dieses Zusammenwirken von »Container und Contained« entsteht Bion zufolge etwas Neues, Drittes, also ein kreativer Gedanke, eine neue Lösung, mithin eine stimulierende Verbindung und Erfahrung (Lohmer 2022, S. 8 ff.).

Ebendiese Wirkung kann sich auch in der Sozialen Traummatrix einstellen – nur mit dem Unterschied, dass es hier keine Person ist, die das *Containment* ermöglicht, sondern die Matrix und das in ihr legitimierte Aussprechen von Gedanken. Armstrong spricht davon, dass das Soziale Träumen eine Form der Kommunikation darstellt, in die insbesondere emotionale Erfahrungen mit einbezogen sind, die auf diese Weise Denkprozesse vorbereiten (Armstrong 1998, S. 105). In diesem Sinne dient *Social Dreaming* als eine Möglichkeit zum Verarbeiten komplexer Gruppenerfahrungen, für die es ansonsten keinen Ort der Bearbeitung gäbe.

Die in der Matrix geleistete Arbeit vollzieht einen gedanklichen Transformationsprozess, in dem spannungsgeladene Fantasien und belastende Erinnerungen in einen teils mehr teils weniger verfremdeten sprachlichen Ausdruck gebracht werden. Dieser Prozess der Umarbeitung trägt seinerseits dazu bei, ein kollektives Gefühl des Unbehagens oder auch latente Ängste sprachlich zu kanalisieren und damit aus der Abgeschiedenheit des Denkens hervorzuholen. Insoweit darf man sich auch nicht von der Trivialität mancher Gedanken-

gänge beirren lassen: Erstens lässt sich nicht sagen, welche unbewussten Fantasien sich an diese Mitteilungen anhängen, und zweitens ist
es gerade die Intention der Traummatrix, Gedankenäußerungen zu
ermöglichen, die nicht immer schon gleich den gewohnten Anforde-
rungen in Hinblick auf Relevanz und Sinnhaftigkeit genügen müssen.
Allgemeinhin erweist sich oftmals erst im Nachhinein, in welchem
Sinnzusammenhang ein Gedanke steht.

Sinn und Zusammenhalt

Mitglieder von Organisationen sind darauf bedacht, dass ihre Äußerungen den Erwartungen und Gepflogenheiten entsprechen, die im
Gruppendiskurs als sinnvoll erachtet werden. Mittels dieses Grup-
pendiskurses formt sich das soziale Band, das die Gruppe zusam-
menhält. In psychoanalytischen Begriffen lässt sich von der sozial-
symbolischen Ordnung sprechen; dieser Ordnung muss sich jedes
Subjekt, jedes Gruppenmitglied unterwerfen, wenn es dazugehören
will (Lacan 1972–73/2015, S. 60). Und genau auf dieser Ebene macht
die Traummatrix, wie Gordon Lawrence sie entwickelt hat, einen relevanten Unterschied in Hinblick auf die Produktion von Sinn:

»In a group, the concern is to create a universe of meaning to
which everyone can subscribe. This universe is rationally and log-
ically determined and proceeds by people convincing others by
argument. Thought is what the group trades in. By contrast, in the
matrix a ›multi-verse‹ of meaning arises out of the dreams and the
free associations, and a plethora of meanings can sit side by side.
This is because the thinking in a matrix comes from the unknown,
or what is not-known, and is derived from a no-thought. The
thinking produced in a matrix just is. It comes from our emotions.
This matrix thinking leads to new thoughts that have, in all prob-
ability, never been thought before. Thinking is what the matrix
trades in, using the currency of dreams« (Lawrence 2005, S. 58).

Was Lawrence hier ein von der Logik determiniertes Universum nennt, ist die vom Logos, also der Sprache, geformte sozial-symbolische Ordnung nach der Begrifflichkeit Lacans. In der Traummatrix wird der sozial-symbolische Diskurs einer Organisation für einen Moment suspendiert zugunsten eines anderen Diskurses, nämlich desjenigen des Traumes und der Assoziationen. Das hat mit dem simplen Umstand zu tun, dass in der Matrix Dinge gesagt und ausgesprochen werden können, die im Diskurs der Gruppe (noch) keinen Platz hätten und die darum unartikuliert bleiben. Doch nur weil sie unartikuliert bleiben, hören diese Dinge – Gedanken zu bestimmten Erlebnissen und Beobachtungen die Organisation betreffend – nicht auf zu existieren. Sie sind *unknown* oder *not-known,* wie Lawrence es formuliert. Als ein vom Diskurs abgetrennter Teil können sie also »noch nicht gewusst« werden; wir können auch sagen: Sie sind verdrängt.

Abwehrmechanismen

Die Psychoanalyse verfügt über ein reichhaltiges Wissen rund um die Verdrängung und unterschiedliche individuelle und kollektive Abwehrmechanismen. Eine Regel, die sich bei Individuen wie auch Gruppen immer wieder bestätigt, lautet, dass das, was aus der symbolischen Ordnung verdrängt wird, im Realen wiederkehrt. Anders gesagt: Worüber nicht gesprochen werden kann, das gelangt in die dynamische Masse der sich unbewusst wiederholenden Äußerungen und Handlungen. Als Gruppe wie auch als Individuum wundert man sich dann, wie dieses oder jenes schon wieder passieren konnte. Bei unerwünschten Wiederholungen fragt man sich zudem, warum man aus dem bisher Geschehenen nicht die richtigen Schlussfolgerungen ziehen konnte. Das mag daran liegen, dass unbewusste Fantasievorstellungen dem rationalen Zugriff entzogen sind. An dieser Stelle wird verständlich, warum Lawrence die Traummatrix auch als ein Forschungsinstrument verstand, um bislang unbewusst gebliebene Anteile des sozialen Miteinanders zu entdecken (Lawrence 2005,

S. 59). In diesem Sinn dient die Traummatrix als *action research* oder *action learning* für Gruppen aus Unternehmen, sozialen Netzwerken bzw. temporären Organisationen wie Konferenzen und Tagungen. Sie ist dafür geschaffen, eine Tür zu unbekanntem und neuem Wissen zu öffnen, bei dem die Teilnehmenden der Matrix als Forschende aber zugleich auch als Quelle des Wissens eingebunden sind. Dieser Forschungsaspekt wird den Teilnehmenden zu Beginn nicht vorgegeben, denn das würde die Primäraufgabe der Matrix, eben das Sprechen über Träume und die sich an sie anschließenden Assoziationen, unterminieren. Jedoch ist es genau das, was en passant geschieht, wenn die Teilnehmenden in der Matrix über Träume sprechen: Sie explorieren gedankliche Verbindungen und lassen sich von ihnen zu neuen Themen und Gedanken leiten. Und wie bei vielen anderen Forschungsprojekten auch stellt sich der Wissenszuwachs aus der Arbeit in der Traummatrix erst nachträglich ein, also im zeitlichen Abstand zur Untersuchung selbst.

Wenn technische Innovationen der Ausdruck für die kreative Leistungs- und Lernbereitschaft einer Gesellschaft sind, so kann der Umgang mit Träumen für die Fähigkeit von Organisationen stehen, der Freiheit und Kreativität des Denkens Raum zur Entfaltung zu geben: »Dreaming enlarges the space of the possible for thinking«, sagt Lawrence in Hinblick darauf, dass die Auseinandersetzung mit Träumen gedankliche Verbindungen zwischen dem Unbewussten und dem Bewusstsein ermöglicht (Lawrence 2005, S. 59). Wie kann man sich das vorstellen? In einer Matrix kommt es vor, dass Personen einen Traum minutenlang wie eine Arbeitshypothese benutzen und ihn von verschiedenen Seiten beleuchten oder als Ausgangspunkt unterschiedlicher weiterführender Gedanken betrachten. Auf diese Art dient die Matrix der schon erwähnten Erweiterung der Zusammenhänge in der Wahrnehmung der Teilnehmenden, indem sie neue Verknüpfungen des Denkens hervorbringt bzw. Verknüpfungen des Denkens, die ansonsten unerkannt geblieben wären, erlaubt.

Übergangsraum (*Potential Space*)

Wenn es zutrifft, dass Individuen wie auch Gruppen eine Neugier innewohnt, mehr über sich und die Welt, in der sie leben und in der sie häufig genug auch in Schwierigkeiten geraten, herauszufinden, braucht es dafür geeignete Gelegenheiten, um diesem Bedürfnis nachgehen zu können. In der Psychoanalyse spricht man diesbezüglich von Übergangsräumen. Ihre Funktion liegt in der Unterstützung und Ermöglichung von Phasen der seelischen Verarbeitung und Transformation von Erlebnissen und Eindrücken. Was das Setting betrifft, können Übergangsräume verschiedentlich gestaltet werden; so stellt etwa auch die psychoanalytisch orientierte Supervision ein solches Übergangsritual bzw. einen Übergangsraum dar, in dem Fach- und Führungskräfte mit Verantwortung für andere Menschen in Einzelsitzungen oder als Gruppe über ihre Arbeit sprechen können. Diese Möglichkeit verhilft ihnen zu mehr Klarheit in den Arbeitsbeziehungen und fördert zugleich eine psychische Entlastung (Beumer 1998, S. 284).

Der Begriff »Übergangsraum« stammt von Winnicott. Er benannte damit zunächst den geschützten Raum, in dem das Kleinkind einen Bezug zu seiner Umwelt herstellen und diese mit seiner inneren Welt in Verbindung bringen kann. Ein Vorgang, der jedoch nicht mit der Kindheit endet, sondern der einen lebenslangen Lernprozess darstellt, insoweit es auch im Erwachsenenalter wiederkehrend darum geht, die Trennung von fantastischer Scheinwelt und als bedrohlich erlebter Außenwelt zu vermeiden. Ähnlich wie bei Bions Modell des *Containing* schaffen Übergangsräume die Möglichkeit, Ängste und innere Bedürfnisspannungen zu überwinden, indem die einzelne Person lernt, innere Zustände wie zum Beispiel Verlustängste in einen sprachlichen Ausdruck zu überführen, anstatt von ihnen überwältigt zu werden. In diesem Sinn eröffnet auch die Soziale Traumatrix einen Übergangsraum für Gruppen und ihre kollektiven Bewältigungsprozesse: Für alle Teilnehmenden erkennbar stellt die Matrix einen geschützten Raum zur Vertiefung von und Beschäftigung mit

Träumen dar. Die Transformation findet auf der Ebene der Träume statt; ausgehend von ihrer Bildlichkeit werden sie artikuliert, also in Sprache übertragen, ein kreativer Prozess, im Zuge dessen die menschliche Seele Eindrücke verarbeitet und Erinnertes und Erlebtes in bewusste Gedanken umwandelt. Diese Übergänge vom bildlichen ins sprachlich verfasste Denken sind vermutlich die fruchtbarsten Momente der Matrix, weil die Teilnehmenden – alle für sich auf individuelle Weise – durch sie in die Lage versetzt werden, in ihrer Art, die Welt gedanklich zu erfassen und zu verarbeiten, weiterkommen können. Die Matrix erweist sich hierin als ein einzigartiger Übergangsraum, der dazu beiträgt, Unbewusstes oder Vorbewusstes in ein bewusstes Denken zu überführen und Gruppen wie auch Individuen in ihrer gedanklichen und seelischen Entwicklung voranzubringen. Der Nutzen dieser Arbeitsweise zeigt sich nicht zuletzt in einer bewussteren Haltung im Umgang mit den Herausforderungen der Zeit.

Ungedachtes Wissen

Lawrence versteht das *Social Dreaming* als ein Unterfangen des transformativen Denkens, das einen einzigartigen Zugang zu Bereichen des Denkens und Wissens über aktuelle soziale und gesellschaftliche Fragen ermöglicht. Es geht im *Social Dreaming* darum, das verborgene Wissen über das Leben von Gesellschaften, Kulturen, Organisationen und kleinere Gemeinschaften zu finden und deren innere Dynamik zu erhellen. Eine besondere Rolle in diesem Konzept spielt der Zugang zum »ungedachten Wissen« (Bollas 1987). Mit diesem Begriff beschreibt Bollas einen Bereich, der in größeren sozialen Systemen, wie sie z. B. Organisationen darstellen, für alle Organisationsmitglieder bekannt ist, aber der expliziten Formulierung meist entzogen bleibt. Ein Zugang zu dieser Ebene des emotionalen und psychischen Lebens gemeinsamen Handelns bildet aber eine wichtige Ressource, wenn wir z. B. Organisationen verändern und weiterentwickeln wollen. Ob wir allerdings einen Zugang dazu bekommen, hängt nicht allein von Zufällen ab, sondern bedarf eines angemessenen Kontextes, wie ihn die Matrix Sozialer Träume zugänglich machen kann.

Unbewusstes und Unendliches

Das *Social Dreaming* basiert auch auf einer weiterentwickelten Vorstellung unbewusster Prozesse im Kontext des Sozialen. Zunächst bezog sich Lawrence dabei auf die Idee von C. G. Jung von einem »kollektiven Unbewussten«, das in der Psyche der Menschen als eine Art Niederschlag kultureller und geschichtlicher Prozesse verankert ist. *Social Dreaming* folgt gleichzeitig einer Vorstellung, wie sie vor allem Susan Long (Long u. Harney 2013) ausformuliert hat und die mit dem Begriff des »assoziativen Unbewussten« gekennzeichnet worden ist. Demnach wird das assoziative Unbewusste als ein mentales Netzwerk von Gedanken, Zeichen und Symbolen bzw. Signifikanten formuliert, die beim Individuum Gefühle, Fantasien, Impulse und Bilder hervorrufen können. Dieses Netzwerk ist allerdings im Unterschied zur Idee C. G. Jungs nicht als Niederschlag kollektiver Erfahrungen im Einzelnen lokalisiert, sondern es befindet sich gleichsam zwischen den Menschen, aber dennoch auch in jedem von ihnen. Die Grenzen des Unbewussten fallen dabei nicht mit den Grenzen der einzelnen Person zusammen. Das assoziative Unbewusste wird von Long als ein das Individuum übergreifender Gedankenpool beschrieben, an dem die einzelnen Menschen in unterschiedlicher Form teilhaben. Sie repräsentieren und erleben wie im Mosaik jeweils nur einen bestimmten Teil dessen, was zusammengesetzt das Ganze ergibt. In der Traummatrix kann es also gelingen, Teile des assoziativen Unbewussten zu einem Netzwerk zu verknüpfen, das einen neuen Sinn ergibt. Lawrence hat daher häufig auch den Begriff des Unbewussten vermieden und stattdessen vom »Unendlichen« gesprochen. Mit anderen Worten: Die Soziale Traummatrix fördert anhand des Sprechens über Träume ein inkorporiertes, aber nicht unmittelbar zugängliches Wissen zutage.

Die Traummatrix als Spiegelphänomen

Freud hat den Traum nicht explizit als soziales Geschehen aufge-
fasst – ihn interessierte die Deutung des Traums vor dem Hintergrund
unbewusster Wunschvorstellungen. In diesem Ansatz ist aber auch
enthalten, dass Träume und die an sie anknüpfenden Assoziationen
häufig genug – wie etwa bei den »Strafträumen« (Freud 1900/1999,
S. 563 ff.) – auf soziale Zusammenhänge und die darin situierten zwi-
schenmenschlichen Beziehungen Bezug nehmen. Vor diesem Hintergrund lässt sich sagen, dass Wünsche immer auch von den Erwartungen und Ängsten im Kontext sozialer Verhältnisse handeln. Mit Blick
auf ebendiese sozialen Erlebnisbereiche ist die Traummatrix eine inte-
ressante methodische Weiterentwicklung psychoanalytischen Arbeitens: Das Setting der Matrix (die Anordnung der Stühle im Raum)
kreiert durch die Vermeidung einer herkömmlichen Gruppensitua-
tion keine Reziprozität von Sehen und Gesehenwerden, wie man es
von Workshops und Meetings kennt. Das disruptive Strukturelement
des Settings ermöglicht einen anderen psychodynamischen Ansatz:
Während die Gruppe auf Übertragung und Gegenübertragung und
auf das Erleben im Hier und Jetzt ausgerichtet ist, fehlen den Teilnehmenden einer Traummatrix die üblicherweise zu erwartenden
soziokulturellen Rückkopplungen: Niemand fordert sie zu Beginn
auf, sich vorzustellen, und es gibt auch sonst keine Interaktion, um
in der Gruppe anzukommen. Die Traummatrix sieht auch nicht vor,
dass sich die Teilnehmenden untereinander austauschen – sie sollen
zur Matrix sprechen.

Doch was heißt das für den »sozialen Blick«, von dem wir uns ge-
halten und – was unsere Rollenaufnahme in einer Gemeinschaft betrifft – auch kontrolliert wähnen? Anhand der Funktion dieses Blickes
für das soziale Miteinander, für den sozialen Rahmen (in welchem
die Matrix ja interagiert), wollen wir uns genauer ansehen, wie sich
das Setting der Matrix auf die Teilnehmenden auswirkt.

Grundsätzlich hält jede Organisationsform für ihre Mitglieder die
Erfahrung bereit, *sich selbst gesehen zu sehen.* Das Werben um den

Blick der anderen ist essenziell für Gruppensituationen – sie ist von der Ambivalenz zwischen dem Wunsch des Einzelnen nach Zugehörigkeit zu einer Gemeinschaft einerseits sowie andererseits vom Streben nach Autonomie gekennzeichnet. Lacan weist darauf hin, dass dieser – wie er es nennt – »tychische Punkt der Sehfunktion« ein reziprokes Verhältnis von Blick und Angeblicktem erzeugt, das auf die Bestätigung einer Illusion ausgerichtet ist (Lacan 1964, S. 84). Zum besseren Verständnis vergleicht Lacan diesen tychischen Punkt der Sehfunktion mit einem »Fleck«, der notgedrungen die Blicke der anderen anzieht und dafür sorgt, dass sich Blick und Objekt treffen. Im sozialen Miteinander geht es in dieser Hinsicht um etwas sehr Elementares – nämlich um das Ansehen, das jemand in einer Gruppe genießt. Und dieses Ansehen muss in Gruppen wiederkehrend bestätigt werden, weil andernfalls beim Einzelnen ein Gefühl der Irritation entsteht, nicht mehr dazuzugehören. In Träumen gibt es nicht selten ein Irritationsgefühl im Zusammenhang mit den Blicken anderer, die etwa aus merkwürdigen Gründen nicht sehen, dass man nackt ist oder etwas zu verbergen hat. Auch bei der Sozialen Traummatrix spielt der Blick eine zentrale Rolle. Denn die Traummatrix unterminiert den tychischen Punkt der Sehfunktion, weil es ja nur die Matrix gibt, die »zurückblickt«. In der Matrix kann daher ein gewisses Unbehagen entstehen, weil die gewohnten Mechanismen des sozialen Spiegelns nicht bedient werden. Das gemeinsame Fantasieren kann bei einzelnen Teilnehmenden einer Matrix das Gefühl erzeugen, sich gewissermaßen im Imaginären zu verlieren. Es kann dann unklar erscheinen, in welchem »System« man sich befindet, weil man plötzlich nicht mehr so gesehen wird, wie man es von den anderen Teilnehmenden beansprucht. Positiv gewendet lässt sich sagen, dass die Matrix die Erfahrung vermittelt, dass die Funktion des Blicks nicht umgangen werden kann. Denn wir sind es gewohnt, dass der Blick »aus uns in erster Linie angeschaute Wesen« (Lacan 1964, S. 81) macht. Das Fehlen dieses sozialen Blicks kann für Einzelne ein Störgefühl vergleichbar einer diffusen Angst erzeugen.

In der Psychoanalyse Lacans wird dieser Angstaffekt dem Autonomieverlust zugeschrieben, der sich einstellt, wenn das Subjekt plötzlich realisiert, dass es im Blick eines anderen – sei dies nun ein anderes Subjekt oder auch ein Objekt – gespalten und selbst zum Objekt wird (Lacan 1964, S. 73 ff.). Das passiert nur dann, wenn das Objekt, das wir betrachten, zu seinen eigenen Bedingungen zurückblickt, das heißt ein eigenes Begehren zeigt. Für gewöhnlich können wir fest damit rechnen, von unserer Umgebung – von Kolleginnen, Familienmitgliedern, Bezugspersonen oder Bekannten – in gewohnter Weise gespiegelt zu werden. Hier würde jede Abweichung sofort auffallen und zu einem Gefühl der Überraschung führen. Man hört dann jemanden sagen: »So kenne ich dich ja gar nicht!« oder »Was ist los mit dir?« Plötzlich erscheint man den anderen als rätselhaft, darin vergleichbar mit der Sphinx aus dem »König Ödipus«, deren Funktion darin besteht, dem Dilemma, nicht über das ganze Wissen verfügen zu können, das nötig wäre, um in den Besitz der Wahrheit zu gelangen, Ausdruck zu verleihen.

Dass die Wahrheit – auch die Wahrheit der sozialen Verhältnisse in einer Gruppe – entgegen aller Versuche einer Bewusstmachung unverfügbar bleibt, entspricht Freuds Gedanken vom Nabel des Traums, an den die Deutungsarbeit stoßen kann. In der »Traumdeutung« schreibt Freud: »Jeder Traum hat mindestens eine Stelle, an welcher er unergründlich ist, gleichsam einen Nabel, durch den er mit dem Unerkannten zusammenhängt« (Freud 1900/1999, S. 116, Fn. 1). Auch in der Traummatrix lässt sich diese Erkenntnis als Erfahrung nachvollziehen: Die Wahrheit ist immer woanders, wo wir sie nie ganz zu sehen bekommen, während sie uns zugleich unerbittlich anblickt.

Indem die Traummatrix den Blickkontakt der Teilnehmenden aus dem Setting nimmt, verstärkt sie zugleich den Seheffekt. Denn nun fühlt sich das Subjekt von einem unbestimmbaren Objekt gesehen – und dadurch in seinen imaginären Selbstannahmen herausgefordert. Die psychologische Bedeutung dieses Effekts entsteht dort, wo die Teilnehmenden die Erfahrung einer Verunsicherung ihrer imaginären Grundannahmen machen: Was heißt es, dazuzugehören? Was heißt es, aufgrund der Hautfarbe, des Geschlechts, des Alters oder der Herkunft ausgegrenzt zu werden? Die Matrix stellt die üblichen Wahrnehmungs- und Beurteilungsmuster auf die Probe. Denn in der Traummatrix trifft der Blick nicht mehr auf das Objekt und kann sagen: »Das ist es!« In der Überwindung dieser Art von Bewertungen liegen die Abkehr von den gewohnten Selbstbespiegelungen des Denkens und der Schlüssel zu neuen Sicht- und Denkweisen. Was hierdurch erlebbar wird, ist die Erfahrung, selbst der Andere zu sein, also der oder das Unvollkommene oder Fremde. Lawrence' *No-Interpretation-Rule* – der zufolge es beim *Social Dreaming* um den Traum im Kontext seiner sozialen Relevanz und nicht um seine Deutung als individuelles Bedeutungsgeschehen geht – findet hierin ihre Bewandtnis.

Der Traum als Kategorie des Denkens bei Freud

Oft war bislang die Rede davon, dass die Soziale Traummatrix das Denken von Gruppen weiterentwickeln kann. In der Tat ist es Aufgabe des Sozialen Träumens, Denk- und Lernprozesse in Gruppen und Organisationen voranzubringen. Doch weshalb sollte gerade der Traum hierfür die beste Ausgangslage schaffen? Dieser Abschnitt möchte aufgrund dieser Frage die Funktion des Traums für unser Denkvermögen näher betrachten.

Ist der Traum ein visuelles oder ein sprachliches Phänomen? Vom Traum erfährt man nur, wenn er erzählt, niedergeschrieben oder auf andere Weise sprachlich vermittelt wird. Freud nahm an, dass die Sprache und ihr Gebrauch auch an der Entstehung von Träumen beteiligt sein können. Tatsächlich gelang ihm mit der »Traumdeutung« zugleich der Erkenntnisschritt in Richtung einer neuartigen Zeichenanalyse (Freud 1900/1999, S. 127). Freud begreift das einzelne Traumelement als einen »mehrfach determinierten« (S. 290) Gedanken – also als ein Zeichen für etwas anderes, auf das es geradezu buchstäblich zu deuten gilt und für das die Anknüpfungen aus dem Material herangezogen werden, das vom Träumer mitgeteilt wird. Dabei war es immer eine Sache des konsequenten Fragens und Beobachtens, um herauszufinden, in welcher sprachlichen Form der Traum mitgeteilt wird. Freud spricht etwa vom »heiligen Text« (S. 518), als welcher ihm der Wortlaut eines Traums gilt. Das Provozierende an diesem Verständnis von der Rolle der Sprache für das Zustandekommen von Träumen ist dabei immer noch, dass es just an der Sprache als das am wenigsten verdächtige Gebiet fehler- und symptomfreien Handelns anknüpft, weil sich hier doch am klarsten die Vernunft des

Menschen behauptet. Mit Blick auf die Bedeutung von Zeichen bleibt daher die befremdliche Einsicht, dass sich der Mensch in seinen Träumen nicht wiedererkennt.

In der Arbeit mit Organisationen führt dieser Umstand des Selbstverkennens zu Diskrepanzen bei der Beurteilung der Realität oder zu einer Kluft zwischen Anspruch und Wirklichkeit, die sich parallel auch in einer Diskrepanz zwischen dem Beratungsauftrag und dem, was ein Team oder eine Gruppe tatsächlich benötigt, darstellt. Die Herausforderung liegt dann darin, das eine Bedürfnis zu bedienen und zugleich für die andere Notwendigkeit zu sensibilisieren. Dieser Gegensatz lässt sich als ein Gegensatz zwischen dem bewussten Anspruch des Tageslebens und dem inkorporierten Unbewussten eines Teams oder einer Organisation auffassen.

Social Dreaming in Unternehmen und Organisationen

Lawrence (1998a, S. 304) hatte seine Gedanken zum *Social Dreaming* auch aus der Arbeit mit Managerinnen in Unternehmen entwickelt und frühzeitig dafür plädiert, Soziales Träumen in das Repertoire der Organisationsberatung aufzunehmen. Während das Soziale Träumen als integraler Bestandteil von Konferenzen und Tagungen ein gemischtes Publikum anspricht, richtet es sich als Angebot für Unternehmen, Betriebe, soziale und kirchliche Einrichtungen, Vereine oder andere berufliche Netzwerke an die jeweiligen Mitglieder dieser Verbünde. Das bringt die Besonderheit mit sich, dass sich die Teilnehmenden mitunter persönlich kennen und dass ihre jeweilige Arbeitsbeziehung auf die Traummatrix einwirkt. Auf den ersten Blick mag es schwer vorstellbar erscheinen, etwa im Beisein von Kolleginnen über die eigenen Träume zu sprechen, insoweit darüber auch persönliche Dinge preisgegeben werden könnten. Würde eine Führungskraft im Beisein von Vorgesetzten und Mitarbeitern erzählen, im Traum auf dem Weg zur Arbeit zu sein und dabei einen Friedhof zu passieren? Gordon Lawrence berichtet von einem solchen Fall aus seiner beraterischen Tätigkeit (Lawrence 1998b, S. 123 ff.). Wie sich herausstellte, war das Unternehmen jener Führungskraft in eine finanziell prekäre Lage geraten, was jedoch von den Mitarbeiterinnen verleugnet wurde. Ungeachtet der wirtschaftlichen Realität hingen sie zu sehr der (unbewussten) Vorstellung an, wonach das Unternehmen unsterblich wäre. Der Traum der Führungskraft vom Arbeitsweg vorbei am Friedhof brachte die Wirklichkeit des Unternehmens auf eine verschobene Weise zum Ausdruck. Dieses Beispiel illustriert die soziale Dimension von Träumen sowie ihren Nutzen für die Arbeit mit Organisationen und ihren Mitarbeitenden. Denn dem Manager aus dem Fallbeispiel eröffnete das Sprechen über seinen Traum einen direkten Zugang zu verdrängten Gedanken, die für eine realitätsnahe Beurteilung der wirtschaftlichen Lage seines Unternehmens äußerst wichtig waren. Dass diese Gedanken im Wachleben des Managers nicht zugelassen und ausgesprochen werden konnten, lässt sich mit der Angst erklären, dass das Eingeständnis einer Finanzkrise ein kaum kontrollierbares Chaos anrichten würde. Die Arbeit mit der Traummatrix schafft jedoch praktikable Übergänge, derer sich die Teilnehmenden bedienen können, um ein anderes Denken über die eigene Organisation und die darin existierenden Konflikte und Angstzustände zu ermöglichen. Nicht selten ist damit ein erster Schritt hin zu einer Lösung getan. Die Lern- und Veränderungsbereitschaft von Organisationen braucht nicht selten eine gewisse indirekte Bearbeitung ihrer bestehenden Selbstannahmen. Die Soziale Traummatrix ermöglicht ebendiese indirekte Bearbeitung etablierter Organisationsvorstellungen. Erst durch die in der Matrix hervorkommenden neuen Gedankenverbindungen kann der Blick auf die eigene Organisation – zum Beispiel in der Art von »Unser Unternehmen ist unsterblich« – in neuem Licht erscheinen. Andernfalls halten die Mitglieder einer Organisation allzu lange an überkommenen Vorstellungen fest, die nurmehr die Funktion haben, allfällige Ängste auf Abstand zu halten und notwendige Veränderungen zu unterbinden (Lawrence 1998b, S. 138).

In den folgenden Abschnitten soll Führungskräften und Personalverantwortlichen eine Grundlage zur Einschätzung an die Hand gegeben werden, wie und ob sich die Soziale Traummatrix als Bestandteil der Organisationsentwicklung einsetzen lässt.

Folgende Formen der Einbeziehung der Sozialen Traummatrix in Organisationen sind generell möglich:

1. Angebote von Workshops zur Einführung in das *Social Dreaming,*
2. *Social Dreaming* als Bestandteil von Tagungen und Kongressen,
3. Einbettung in Fortbildungen im Bereich von Coaching und Organisationsberatung,
4. Integration in die Arbeit von Unternehmen und anderen Organisationen.

Lernen, über Träume zu sprechen – Workshops zur Einführung in das Soziale Träumen

Der Mensch muss an und für sich nicht lernen, über Träume zu sprechen, denn das macht er schon seit Jahrtausenden. Umso überraschender ist es, dass wir uns Träume nicht regelmäßiger mitteilen und über sie sprechen. Vor diesem Hintergrund mag es zweckmäßig sein, im Rahmen eines Workshops unter Leitung eines *Social Dreaming Hosts* eine Einführung in das Soziale Träumen zu geben. Neben der Vermittlung von theoretischem und praktischem Wissen rund um das Soziale Träumen sollte das Ziel im Vordergrund stehen, die Basis für die Arbeit mit der Sozialen Traummatrix zu schaffen sowie Neugier und Vertrauen unter den Teilnehmenden für die Arbeit mit Parallelprozessen zu wecken. Mitunter kann es bereits ausreichen, im Anschluss an eine Supervisionssitzung mit den Teilnehmenden über die Möglichkeit einer Traummatrix zu sprechen, die besondere Arbeitsweise der Matrix zu erklären und dazu einzuladen, es bei der nächsten Sitzung gemeinsam auszuprobieren. Teams und Organisationseinheiten in Übergangsphasen (bei einem Wechsel der Leitung, bei erhöhter Fehlerhäufigkeit oder hohem Krankenstand, bei starkem Veränderungsdruck) können auf diese Weise der Gefahr entgegenwirken, ihre Kreativität beim Finden neuer Lösungen einzubüßen. Gleichwohl lässt sich nicht leugnen, dass die Arbeit mit Träumen ungewohnt ist und erlernt werden sollte.

Um die Entwicklung des *Social Dreaming* als Beratungskonzept im Organisationskontext hat sich in Deutschland besonders Burkard Sievers (2001; 2005), zum damaligen Zeitpunkt Professor für Organisationsentwicklung an der Bergischen Universität Wuppertal, verdient gemacht. So wurde im Jahre 1998 erstmals auf seine als auch Ullrich Beumers Initiative hin in Deutschland ein dreitägiger Workshop zur Einführung in das *Social Dreaming* in Anwesenheit von Gordon Lawrence durchgeführt. In diesem Workshop wurden jeweils morgens und abends Soziale Traummatrizen mit Anwendungsgruppen und sogenannten »Dialogen« gekoppelt, in denen die Referenten des Workshops zu Themen der Entwicklung im Bereich wirtschaftlicher und gemeinnütziger Organisationen Impulse gaben. Solche Workshops gibt es inzwischen weltweit, da *Social Dreaming* eine starke Resonanz bei psychodynamisch orientierten Organisationsberatenden, Coaches und Supervisorinnen erfährt.

Eine wichtige Erfahrung bei derartigen Workshops war, dass sich die Teilnehmenden mit unterschiedlichen professionellen Hintergründen an die Arbeitsweise gewöhnen mussten. So gab es häufig gerade bei Psychotherapierenden Widerstände, da sie sich schwertaten oder gar weigerten, auf die personenbezogene Deutung der Träume zu verzichten. Daher sind bei solchen Workshops, aber auch beim *Social Dreaming* als Teil von Tagungen ein gutes Gespür und eine gesteigerte Sensibilität bei den Hosts gefragt, um ein Scheitern der Traummatrix durch innerhalb der Matrix aufkommende Diskussionen zur Methodik zu verhindern. Träume werden mitunter als Proprium psychotherapeutischer Berufe gesehen, die verteidigt werden müssen.

Implementierung in Tagungen und Kongresse

Besonders bewährt hat sich die Einbeziehung von Sozialen Traummatrizen als wiederkehrendes Element in größere Tagungen und Kongresse. Erstmals geschah dies 2004 in Coesfeld auf Initiative von Ullrich Beumer beim Jahreskongress der International Society for the Psychoanalytic Study of Organizations (ISPSO).

In ähnlicher Form ist das *Social Dreaming* seit mehr als zehn Jahren Bestandteil des jährlich stattfindenden Kongresses für Psychodynamisches Coaching, der in gemeinsamer Trägerschaft der Universität Kassel, des Sigmund-Freud-Instituts Frankfurt a. M. und des Fortbildungsinstituts inscape Köln durchgeführt wird.

Im Rahmen solcher Veranstaltungen erfüllt die Soziale Traummatrix vor allem drei Funktionen: Zum einen schafft sie einen Container für die vielfältigen gesellschaftlichen, sozialen und ökonomischen Prozesse und deren latente Dynamiken, die die anwesenden Führungskräfte, Beraterinnen und Wissenschaftler mitbringen. Zum anderen erweist sich die Traummatrix auf der Beziehungsebene als ein integrierender Faktor, da hier die Teilnehmenden einen aktiven Beitrag zur Thematik der Kongresse erbringen können. Und schließlich bietet die Soziale Traummatrix auch einen Raum, um Eindrücke, Fantasien und Ideen, die sich aus der Kongressthematik ergeben, zu verarbeiten und weiterzuentwickeln.

Bei Kongressen kann man davon ausgehen, dass die Teilnehmenden vor dem Hintergrund ihrer Professionalität einen leichten Zugang zu dieser Arbeitsform finden. Daher reicht es im Regelfall, am Abend vorher eine kurze Einführung im oben beschriebenen Sinne zu geben.

Social Dreaming als Inhalt von Fortbildungen

Der Idee von Gordon Lawrence folgend, *Social Dreaming* in den Kanon der Organisationsberatungsformate aufzunehmen, ist es inzwischen auch Bestandteil von Fortbildungen zu Organisationsberatung, Coaching und Supervision. Dort geht es darum, das *Social Dreaming* methodisch bekannt zu machen und die Technik zu vermitteln, um sinnvoll damit arbeiten zu können. Als Format zum Einsatz in Organisationsberatungsprozessen dient es dabei auch als diagnostisches Kriterium. *Social Dreaming* eröffnet den Klienten Zugänge zu Bereichen des Verstehens, die ansonsten häufig unzugänglich bleiben. Darüber hinaus spielt es natürlich eine Rolle, wenn Innovation, Kreativität und neues Denken gefragt sind. In den Ausbildungen zum *Social Dreaming Host* kommt es darauf an, neben der persönlich entstehenden Begeisterung für die Methodik ein professionelles Gespür für die Möglichkeiten, aber auch für die Grenzen des Einsatzes in Beratungsprozessen zu vermitteln. Nicht zuletzt ist die Soziale Traummatrix ein hervorragendes Mittel, um dynamische Prozesse innerhalb der Ausbildung aufzunehmen und deutlich zu machen, soweit die Matrix eine Selbsterfahrung innerhalb einer Gruppe ermöglicht.

Social Dreaming im Unternehmenskontext

Die Traummatrix kann, so stellten wir heraus, dazu beitragen, die Inspirationsfähigkeit von Teams zu aktivieren. Maltz und Walker schreiben, dass die Kreativität postindustrieller Unternehmen von der Einbeziehung der kreativen Fähigkeiten des Einzelnen abhängt. Dabei müssen die Mitarbeitenden gar nicht einmal ein umfassendes Verständnis davon haben, was im Unternehmen los ist (»what is going on«; Maltz u. Walker 1998, S. 165). Denn in der Arbeit mit der Sozialen Traummatrix kann sich angeregt von Träumen und Assoziationen ad hoc ein Verständnis davon einstellen, was in einem Unternehmen tatsächlich Sache ist – *what is* really *going on*. Traumerzählungen wie diejenige vom Manager, der wiederholt träumte, über einen Friedhof zur Arbeit zu fahren, können als parallele Bezüge zur akuten oder künftigen Situation einer Organisation verstanden werden. In dieser Hinsicht eröffnet die Traummatrix etwas, das mit gängigen Methoden der Unternehmensberatung nicht auffindbar ist. Das hat auch mit der Arbeits- und Wirkungsweise der Matrix zu tun, die weder wertend noch direktiv ist. Das Wissen, das sie eröffnet, erfahren wir nicht unmittelbar und passgenau. Vielmehr müssen wir uns als Teilnehmende einer Matrix mit dem Material auseinandersetzen und versuchen zu verstehen, in welche gedanklichen Verbindungen es uns zu der Organisation, an der wir teilhaben, bringt. Diese Herangehensweise unterscheidet sich erkennbar von den gängigen Methoden des Beurteilens und Evaluierens, mittels derer in Unternehmen und Organisationen zumeist Entwicklungsprozesse gelenkt werden. Die

Matrix eröffnet dafür einen Zugang zu den abgespaltenen Bereichen sozialer Wahrnehmungsprozesse, die für die Weiterentwicklung von Organisationen existenziell sind.

Gleichwohl muss bei der Frage der Anwendung des *Social Dreaming* im Bereich von Unternehmen und Organisationen auch gewarnt werden: Zum einen ist es für viele befremdlich, mit Träumen im Kontext der eigenen beruflichen Tätigkeit zu arbeiten. Es bedarf also einer sorgfältigen Vorbereitung oder Sensibilität hinsichtlich der Aufnahmebereitschaft der Teilnehmenden. Diese ist meist dort am ehesten gegeben, wo der Umgang mit unbewussten Prozessen und Ressourcen nicht völlig ungewohnt ist, etwa in den Bereichen von Personal- und Kulturentwicklung, Change-Abteilungen oder dort, wo es des Zugangs zu kreativen Ressourcen bedarf, also in Entwicklungsabteilungen oder Unternehmen, die scheinbar Befremdliches zu ihrem Selbstverständnis zählen, wie Werbeagenturen oder andere Bereiche der Kreativindustrie sowie Organisationen im künstlerischen Bereich.

Zum anderen ist das *Social Dreaming* im Unternehmenskontext auch deswegen gefährdet, weil die Idee der Matrix, also das Abstrahieren von persönlichen Beziehungen, das Ausblenden der Gruppendynamik etc., attackiert werden kann. Gerade dann, wenn hierarchische Abhängigkeitsbeziehungen bestehen, finden wir bei den Beteiligten eine verständliche und sinnvolle Vorsicht, eigene Träume zu erzählen oder vom Machtgefälle innerhalb des Teams zu abstrahieren. Daher wird die Arbeit in der Traummatrix am ehesten dann gelingen, wenn es sich um größere Organisationen handelt, wo die Teilnehmenden der Traummatrix möglicherweise aus verschiedenen Bereichen und Abteilungen derselben Organisation kommen.

Dessen ungeachtet entwickelt das *Social Dreaming* seine besondere Kraft, wenn es darum geht, die Kultur einer Organisation, ihre Potenziale als auch ihre Entwicklungshemmungen zu untersuchen und zu verstehen. Als psychoanalytisch geschulte Beratende bemühen wir uns auch über diesen Zugang herauszufinden, in welchem Maße und wodurch ein System Abwehr gegenüber Veränderungen aufbaut.

Baglioni und Fubini (2013, S. 123) betonen hinsichtlich der Reichweite der *Social Dreaming Matrix:* Wann immer ein Zugang zu den kreativen Ressourcen innerhalb einer Organisation oder eines Teams gesucht wird, wann immer ein System sich in einer Transformation befindet oder gezielte Change-Prozesse in Gang setzen möchte, bei denen es um die Entwicklung einer Idee der Zukunft geht, wann immer in einer Organisation die Grenzen der bisherigen Arbeit spürbar sind, wann immer in Konflikten ein Zugang zu unbewussten Ressourcen gesucht wird, bevor man weitere Schritte in Angriff nimmt, ist die Soziale Traummatrix eine Ressource von unschätzbarem Wert. Insoweit empfiehlt es sich, *Social Dreaming* zu einem Zeitpunkt einzubeziehen, zu dem die »Organisation in einem Prozess des Entstehens« (Lawrence 1998b, S. 6) begriffen ist.

Die Online-Durchführung von
Social Dreaming

Mit den Einschränkungen durch die Covid-Pandemie zu Beginn der 2020er Jahre stellte sich die Frage, ob Soziales Träumen auch online möglich ist. Dadurch würde sich das Setting der Traummatrix deutlich verändern: Die Teilnehmenden säßen nicht mehr gemeinsam in einem Raum, sondern an ihren Wohn- oder Arbeitsorten vor Bildschirmen und würden sich bei eingeschalteten Kameras ansehen können. Wie würde eine solche Anordnung die Arbeit mit der Traummatrix verändern?

Bei der 37. Jahreskonferenz der International Society for the Psychoanalytic Study of Organizations (ISPSO) im Jahr 2021, einer einwöchigen internationalen Fachtagung für Beratende und Personalverantwortliche mit psychodynamischem Fokus, die pandemiebedingt online durchgeführt wurde, entschied sich der Staff unter Leitung von Moritz Senarclens de Grancy, *Social Dreaming* zu Beginn eines jeden Konferenztages online anzubieten. Wie bei den Präsenz-Matrizen üblich, wurde auch zur Online-Matrix im Vorfeld schriftlich eingeladen. Nicola Wreford-Howard und Marc Maltz übernahmen als erfahrene Hosts die Leitung der *Social Dreaming Matrices.*[3]

Wie unterschied sich aber die Online- von der Life-Version? Am gravierendsten ist der Unterschied vielleicht aus Teilnehmersicht: Grundsätzlich lässt sich einerseits sagen, dass die Online-Teilnahme manchem leichter fällt. Wer sich in einer Life-Matrix scheut, über

---

3   Ihnen gilt an dieser Stelle nochmals unser Dank: Beide trugen dazu bei, die via Zoom durchgeführten Online-Formate zu einer produktiven Arbeitserfahrung werden zu lassen.

seine Träume zu sprechen, tut sich mitunter leichter, dies online zu tun, wenn die Präsenz der anderen Teilnehmenden weniger spürbar ist. Darüber hinaus bietet das Online-Format eine zusätzliche Möglichkeit zur Konzentration auf die Träume, die Assoziationen und die Ausschaltung persönlicher Bezüge, indem die Teilnehmenden während der Matrix ihre Kamera ausschalten. Andererseits fehlt die knisternde Spannung der realen Traummatrix, die sich schon zu Beginn einstellt, wenn die Teilnehmenden auf die ersten Mitteilungen warten. Zieht man eine Parallele zur Online-Therapie, lassen sich weitere Bedenken gegenüber der Online-Traummatrix formulieren (Rolnik 2023, 25 ff.): Etwa, dass die meisten Teilnehmenden bei einer Zoom-Matrix sich selbst auf dem Bildschirm anschauen und die Kamera als Spiegel benutzen, was genau das Gegenteil jener Selbstvergessenheit ist, die die Traummatrix fördern soll. Ferner ist einzuwenden, dass der Bildschirm die Traummatrix zu sehr zu einem Dialog macht. Eine Soziale Traummatrix, die diesen Namen verdient, ist aus unserer Sicht gerade nicht dialogisch.

Auch das Schweigen wird im Online-Modus anders wahrgenommen. Schweigen ist keine Sondererscheinung bei einer Traummatrix und dient dem Aufbau einer gewissen Spannung, die zur nächsten Mitteilung hinführt. Bei einer digitalen Matrix erlebt man Schweigen jedoch eher als Desinteresse. Die Kamera verschiebt zudem die Bedeutungsebene auf den weniger wichtigen Teil der Traummatrix, eben auf den Blick und den Sehsinn, während doch die Träume und Assoziationen sowie die unbewusste Dynamik entscheidend sind, die allenfalls vor dem inneren Auge aufscheinen.

Ungeachtet dieser Einwände gehört es jedoch zur »freudschen Tradition, technische Neuerungen aufzunehmen und sie nicht als Bedrohung zu sehen« (Rolnik 2023, S. 27). In diesem Sinne ist es für die Weiterentwicklung psychodynamischer Beratungsansätze wichtig, technische und kulturelle Innovationen in die Arbeit einzubeziehen und zu erweitern.

Perspektiven des *Social Dreaming* – Abschließende Bemerkungen

Social Dreaming breitet sich in entsprechenden Fachkreisen weltweit aus und hilft hier insbesondere bei der Auseinandersetzung mit den großen gesellschaftlichen und politischen Prozessen. Es befindet sich zudem als Idee permanent in der Weiterentwicklung.[4]

Die grundlegenden Annahmen und Voraussetzungen des *Social Dreaming* seien noch einmal kurz zusammengefasst:

1. Träume haben soziale Inhalte und Bedeutungen;
2. die Matrix bildet einen Container für Soziale Träume, der sich von dem Container in einer analytischen Zweiersituation unterscheidet;
3. die Matrix wird als wichtiges Setting entwickelt, um Gruppenprozesse zu vermeiden und die Substanz des Traumes nicht zu zerreden;
4. in einer Matrix können unterschiedliche Bedeutungen nebeneinander bestehen, die mit einem einzigen Traum verbunden sind – ein »Multi-Universum« an Bedeutungen;
5. Träume sind nicht Eigentum des Individuums – in Anlehnung an Bions Vorstellung, dass Gedanken auf der Suche nach einem Denker seien, sind Träume auf der Suche nach einem Träumer;
6. die Matrix Sozialer Träume bringt die Teilnehmenden mit den tragischen und konfliktuösen Aspekten des Lebens, die oftmals (aus Angst) nicht angesprochen werden können, in Berührung;

---

4 Dazu gehören methodische Elemente, wie etwa das von Mersky (2023) entwickelte »Social Dream Drawing«, bei dem Träume zusätzlich auch gemalt werden. Diese Methode findet eher ihren Einsatz zur Unterstützung bei persönlichen Transformationsprozessen. Hier sind vielfältige Kombinationen in Beratung und Fortbildung denkbar.

7. die Träume, die in der Matrix Sozialer Träume erlebt werden, stellen das herkömmliche Bewusstsein in Frage und führen uns zum Unbewussten und Unendlichen, das sich der direkten Verfügbarkeit entzieht;

8. die Erinnerung an unsere Träume stärkt den Kontakt mit dem Unbewussten. Wenn wir zu den Träumen assoziieren, können wir ihre Bedeutung erkennen und sie in Einklang mit unserem Bewusstsein bringen;

9. hören wir nicht auf unsere Träume, entfernen wir uns vom Unbewussten mit seinen guten wie »bösen« Elementen.

Social Dreaming entzieht sich der Verwertungslogik vieler Methoden und Formate, die wir aus den Bereichen von Beratung, Training und Fortbildung kennen. Es dient, wie wir schon dargelegt haben, vielmehr dazu, einen Raum zu schaffen, in dem etwas entstehen kann, das sich der unmittelbaren Verfügbarkeit entzieht. In diesem Sinne ist es mit der Idee der Resonanz, wie sie Hartmut Rosa (2020) entwickelt hat, verwandt. Das zentrale Bestreben der Moderne gilt Rosas Einschätzung nach der Vergrößerung der eigenen Reichweite und damit dem Zugriff auf die Welt: Diese verfügbare Welt ist jedoch – so Rosas brisante These – eine verstummte Welt; mit ihr gibt es keinen Dialog mehr. Gegen diese fortschreitende Entfremdung zwischen Mensch und Welt setzt Rosa die Resonanz als klingende unberechenbare Beziehung mit einer nicht-verfügbaren Welt. Zur Resonanz kommt es, wenn wir uns auf Fremdes, Irritierendes einlassen, auf all das, was sich außerhalb unserer kontrollierenden Reichweite befindet. Das Ergebnis dieses Prozesses lässt sich nicht vorhersagen oder planen, daher ist dem Ereignis der Resonanz immer auch ein Moment der Unverfügbarkeit inhärent.

Das *Social Dreaming* konstituiert gewissermaßen einen Raum im Rosa'schen Sinne, mithin einen Raum, in dem Resonanzen auf verschiedenen Ebenen zustandekommen:

▸ Durch die Arbeit mit Träumen als symbolische Ausdrucksform öffnet es den Raum für Unbewusstes, und zwar nicht für das individuell Unbewusste, sondern für unbewusste Prozesse auf der sozialen Ebene.

▸ Durch die Arbeit mit den Träumen in einer Matrix entstehen Resonanzmöglichkeiten innerhalb des sozialen Containers und der sozialen Beziehungen und beeinflussen diese, ohne dass die Fokussierung auf diese sozialen Prozesse – wie etwa in gruppendynamischen Konzepten – im Vordergrund steht.

▸ Durch die Arbeit mit Amplifikationen, also mit einem In-Beziehung-Setzen mit kulturellen Schöpfungen, entstehen Resonanzen mit der kollektiven Geschichte und ihrem Einfluss auf das Geschehen in Gruppen und Organisationen.

▸ Durch die Regel der freien Assoziation und der Nutzung von Amplifikationen wird neben dem Raum für Unbewusstes auch ein Raum für die Entstehung von Neuem eröffnet.

All dies geschieht gleichwohl in einem zwar geplanten und strukturierten Raum, aber fern jeglicher Intention der Verwertbarkeit und Steigerungs- bzw. Optimierungslogik.

Wer *Social Dreaming* in seine Arbeit integrieren möchte, um etwas zu verbessern, zu optimieren, anzuwenden, wird vermutlich fehlschlagen. Die Frage »Und was kommt dabei raus?« widerspricht der Grundidee des *Social Dreaming*. Vielmehr sind es Fragestellungen wie diese, die zur Traummatrix hinführen: In welchem System sind wir tätig? Was sind die unhinterfragten Grundannahmen unserer Organisation? Welche Parallelprozesse können wir im Sprechen über Träume entdecken? Welche Begriffe und Sprachbilder markieren zentrale Themen unserer Organisation? Wie lässt sich mit Angst als Grundgefühl umgehen? Von was hängt das Sinngefüge ab, ohne das wir nicht produktiv werden könnten? Was fördert den sozialen Zusammenhalt – was stört ihn? Was weckt uns auf?

Literatur

Armstrong, D. (1998). Think aloud: Contributions to three dialogues. In W. G. Lawrence (Ed.), Social Dreaming @ Work (pp. 91–106). London: Karnac.

Baglioni, L., Fubini, F. (2013). Social Dreaming. In S. Long (Ed.), Socioanalytic Methods. Discovering the Hidden in Organisations and Social Systems (pp. 107–127). London: Karnac.

Beradt, C. (1968). The Third Reich of Dreams: The Nightmares of a Nation 1933–1939. Aquarian Press.

Beumer, U. (1998). »Schläft ein Lied in allen Dingen …«. Dingliche Objekte und räumliche Szenarien in der psychoanalytischen Organisationssupervision. Freie Assoziation 1 (3), 277–303.

Bion, W. R. (1970/2006). Aufmerksamkeit und Deutung. Tübingen: Edition Diskord.

Bion, W. R. (1992). Lernen durch Erfahrung. Frankfurt a. M.: Suhrkamp.

Bollas, C. (1987). The Shadow of the Object. London: Free Association Books.

Freud, S. (1900/1999). Die Traumdeutung. G.W., Bd. II–III. Frankfurt a. M.: S. Fischer.

Haesler, L. (1995). Auf der Suche nach einer erträglichen Welt. Über den Umgang des Menschen mit der Wirklichkeit. Darmstadt: WBV.

Koselleck, R. (1994). Nachwort. In C. Beradt: Das Dritte Reich des Traums (S. 117–132). Frankfurt a. M.: Suhrkamp.

Krovoza, A. (2001). Nachwort: Die Stellung Freuds zur Vorgeschichte der Traumdeutung. In C. Walde: Antike Traumdeutung und moderne Traumforschung (S. 218–222). Düsseldorf/Zürich: Artemis & Winkler.

Lacan, J. (1964). Die vier Grundbegriffe der Psychoanalyse, Seminar XI. Weinheim/Berlin: Quadriga.

Lacan, J. (1972–73/2015). Encore. Das Seminar, Buch XX. Wien/Berlin: Verlag Turia + Kant.

Lacan, J. (1975). Schriften, Teil 2. Olten/Freiburg im Breisgau: Walter.

Lawrence, W. G. (1998a). Soziales Träumen und Organisationsberatung. In
U. Beumer, B. Oberhoff, D. Ohlmeier, B. Sievers (Hrsg.), Freie Assozia-
tion – Psychoanalyse, Kultur, Organisation, Supervision, 1 (3), 304–328.
Lawrence, W. G. (1998b). Consultancy and Action Research. In W. G. Law-
rence (Ed.), Social Dreaming @ Work (pp. 123–140). London: Karnac.
Lawrence, W. G. (2005). Introduction to Social Dreaming. Transforming
Thinking. London: Routledge.
Lawrence, W. G. (2011). Social Dreaming: Making the Unconscious availa-
ble in Systems. Unveröffentlichtes Manuskript.
Lenk, E. (1983). Die unbewußte Gesellschaft: Über die mimetische Grund-
struktur in der Literatur und im Traum. München: Matthes und Seitz.
Lohmer, M. (2022). Der Beitrag W. R. Bions zu Gruppenanalyse und Or-
ganisationsberatung. In G. Dietrich, F. Fossel (Hrsg.), Gruppenpsycho-
analyse. Theorie, Geschichte und Praxisfelder der gruppenanalytischen
Methode (S. 78–86). Wien: Facultas.
Long, S., Harney, M. (2013). The associative unconscious. In S. Long, S. (Ed.),
Socioanalytic Methods. Discovering the Hidden in Organisations and
Social Systems (pp. 3–22). London: Karnac. London.
Luft, H. (2021). Träume des Alters. Abgründe und Ängste, Hoffnungen und
Glück. Frankfurt a. M.: Brandes & Apsel.
Mersky, R. R. (2023). The Social Dream Drawing. A Handbook for Profes-
sionals. London/New York: Routledge.
Michael, T. A. (1998). Creating new cultures. In W. G. Lawrence (Ed.), Social
Dreaming @ Work (pp. 123–140). London: Karnac.
Rolnik, E. (2023). Redekur. Psychoanalyse verstehen. Frankfurt a. M.: Bran-
des & Apsel.
Rosa, H. (2020). Unverfügbarkeit. Frankfurt a. M.: Suhrkamp.
Schmidt, M. G. (2014). Der Einfluss der Präsenztheorie auf die psychoana-
lytische Behandlungstechnik. Psyche 68 (9/10), 951–970.
Senarclens de Grancy, M. (2015). Sprachbilder des Unbewussten. Die Rolle
der Metaphorik bei Freud. Gießen: Psychosozial-Verlag.
Senarclens de Grancy, M. (2018). Dreaming Diversity. In A. Ternès, C-D.
Wilke (Hrsg.), Agenda HR – Digitalisierung, Arbeit 4.0, New Leader-
ship. Was Personalverantwortliche und Management jetzt nicht verpas-
sen sollten (S. 319–329). Wiesbaden: Springer Gabler.
Sennett, R. (1998). Der flexible Mensch. Die Kultur des neuen Kapitalismus. Berlin: Berlin-Verlag.
Sievers, B. (2001). »Im Traum erscheint alles als normal und logisch«: Die Matrix sozialer Träume. In B. Oberhoff, U. Beumer (Hrsg.), Theorie und Praxis
psychoanalytischer Supervision (S. 124–142). Münster: Votum.

Sievers, B. (2005). »Es gibt nichts, wofür es sich lohnt zu kämpfen.« Soziales Träumen mit österreichischen Sozialdemokraten. Werkblatt: Zeitschrift für Psychoanalyse und Gesellschaftskritik 54 (22), 49–64.

Steinforth, T. (2012). Traum und Wirklichkeit – Fantasierendes Träumen als Quelle praktischen Wissens. Organisationsentwicklung – Zeitschrift für Unternehmensentwicklung und Change Management 4, 47–51.

Winnicott, D. W. (1958). Über die Fähigkeit, allein zu sein. Psyche 12 (6), 344–352.